विवाह संस्कार : स्वरूप एवं विकास

तापी धर्माराव

जन्म : 19 सितम्बर, 1887

कवि, पंडित, आलोचक, नाटककार, समाजसेवी, प्रोग्रेसिव राइटर्स एसोशिएशन और वेगुचुक्क ग्रंथालय के संस्थापक।

प्रकाशित रचनाएँ :

पेल्लिदानि पुट्टु पूर्वोत्तरालु, देवालयाल मीद बूतु बोम्मलु ऐंदुक, इनपकच्चडालु, रालू-रप्पलु, मस्वु तेरलु, कोत्त पाली, पात पाली, साहित्य मोरमरालु, आल इंडिया अडुक्कु तिनेवाल्ल महासभा।

निधन : 8 मई, 1973

आवरण

सोरित : जन्म 1971। इलाहाबाद विश्वविद्यालय से जन्तुविज्ञान में स्नातकोत्तर। स्वशिक्षित कलाकार व कार्टूनिस्ट। हिन्दी व अंग्रेजी के विभिन्न पत्र-पत्रिकाओं में कार्टून व रेखांकन प्रकाशित। इस समय 'द पायोनियर' (अंग्रेज़ी दैनिक) से स्टाफ कार्टूनिस्ट के रूप में सम्बद्ध।

यह पेपरबैक संस्करण
मूल पुस्तक की,
बिना किसी काट-छाँट के,
अविकल प्रस्तुति है

तापी धर्माराव

विवाह संस्कार : स्वरूप एवं विकास

अनुवाद
डॉ. सी. वसन्ता

राधाकृष्ण पेपरबैक्स

पहला संस्करण
विशालांध्रा प्रकाशन, हैदराबाद द्वारा
1960 में प्रकाशित
दूसरा संस्करण : 1998

राधाकृष्ण पेपरबैक्स में
पहला संस्करण : 2001
पहली आवृत्ति : 2011

राधाकृष्ण पेपरबैक्स : उत्कृष्ट साहित्य के जनसुलभ संस्करण

राधाकृष्ण प्रकाशन प्राइवेट लिमिटेड
7/31, अंसारी रोड, दरियागंज
नई दिल्ली-110 002
द्वारा प्रकाशित

शाखाएँ : अशोक राजपथ, साइंस कॉलेज के सामने, पटना-800 006
पहली मंजिल, दरबारी बिल्डिंग, महात्मा गांधी मार्ग, इलाहाबाद-211 001

वेबसाइट : www.radhakrishnaprakashan.com
ई-मेल : info@radhakrishnaprakashan.com

बी.के. ऑफसेट
नवीन शाहदरा, दिल्ली-110 032
द्वारा मुद्रित

मूल्य : ₹ 40

आवरण : सोरित

VIVAHA SANSKAR : SAWAROOP EVAM VIKAS
by Tapi Dharma Rao

ISBN : 978-81-7119-614-2

दो शब्द

इस पुस्तक के पूर्व-संस्करण की सभी प्रतियाँ खत्म हो चुकी हैं। कई पाठकों ने फिर छपवाने की प्रार्थना की थी। किन्तु यह काम तुरन्त नहीं हो सका। इस विलम्ब के लिए क्षमा कीजिएगा। अब यह संस्करण आपके हाथों में सौंप रहा हूँ। उम्मीद है आप इसे भी पहले की तरह प्रेम से स्वीकार करेंगे।

मैंने सोचा था कि इस संस्करण में कुछ नए विषय जोड़ूँगा। किन्तु लता को छूने पर सारा कुंज हिल जाएगा, इसलिए लगा कि इन विषयों को पुस्तक में इधर-उधर लिखना ठीक नहीं है। अतः मैंने इनका समावेश परिशिष्ट में किया है।

विवाह-संस्कार का पूर्ण रूप से अध्ययन करने के बाद हम इस सत्य को जान सकते हैं कि हमने विवाह-संस्कार को बढ़ा-चढ़ाकर एक बड़ा भूत बना दिया है। कुछ देशकाल-परिस्थितियों के कारण, अड़ोस-पड़ोस की अन्य जातियों के रीति-रिवाजों का अनुकरण करने के कारण, कुछ रिवाजों को हमने पुराने जमाने में निभाया—आज भी निभा रहे हैं। अब परिस्थितियाँ बदल गईं। उन जातियों के विचारों को जाने बिना ही हम इन रिवाजों को अपने आचरण में रख रहे हैं। सचमुच अर्थहीन काम कर रहे हैं। लोग विवाह में व्यर्थ धन खर्च कर रहे हैं। कर्ज के जाल में फँस रहे हैं। अब भी कुछ नहीं बिगड़ा। कर्ज के चक्र में फँसे बिना और फिजूल खर्च किए बिना सादगी से विवाह करने में ही सबकी भलाई है।

> काम-काज में मेरी सहायता करने के लिए, सन्तान की उत्पत्ति करने के लिए तुम अपनी बेटी को मुझे दो...इस तरह वर या उसके प्रतिनिधि से पूछने में बाल-विवाह के लिए कहाँ स्थान है ?[1]

मान्य सिद्धान्तों तथा विवाह-मन्त्रों के अर्थों के अनुसार अग्निदेव गन्धर्व-विवाह करने के बाद ही वर वधू से ब्याह कर सकता है। इसलिए हम यह नहीं कह सकते हैं कि वधू अपना कौमार्य खोने के बाद विवाह के लायक नहीं रह जाती। अतः स्त्री के पुनर्विवाह में कोई आपत्ति नहीं रहनी चाहिए।

विवाह और सुहागरात के संस्कारों में कुछ रहस्यमय विषय सामने आते हैं। उन्हें तुरन्त छोड़ देना चाहिए। सुहागरात के दिन वधू कहती है कि, "हे प्रियतम तुम मुझमें उत्पन्न हो जाओ।" उत्तर में वर कहता है कि, "पुत्रों को चाहनेवाली मेरी प्रियतमा, मैं तुममें पुत्र के रूप में जन्म लूँगा।" यह एक प्रथा है। किन्तु आज ऐसे शब्द बोलते और सुनते हुए अच्छा नहीं लगता है। विवाह में ठाट-बाट के लिए लोग व्यर्थ धन खर्च करते हैं। आज (1971 में) भी हम इन सबके पीछे भाग रहे हैं। यह सचमुच कितनी लज्जाजनक बात है। मुख्यतः युवा वर्ग को कुछ नए कदम उठाने चाहिए। उन्हें विजय मिलेगी। इसमें कोई सन्देह नहीं।

—तापी धर्माराव

20 फरवरी, 1971

हैदराबाद

1. ये वाक्य मेरे गुरु स्वर्गीय श्री बंकुपल्ले मल्लय्या शास्त्री द्वारा लिखित पुस्तक 'विवाह तत्वामु' के पृ. 19 से लिये गए हैं।

छोटी सी बात

इस सृष्टि में मानव का जन्म कल या परसों नहीं हुआ है। कई लाख वर्ष पहले से वह इस पृथ्वी पर विद्यमान है। कोई भी यह नहीं कह सकता कि आदि से आज तक मानव एक जैसा ही रहा। वह काफी बदल चुका है। उसकी जीवन-पद्धति बदल गई है। उसके भाव-जगत् और ज्ञान में परिवर्तन आया है। यह परिवर्तन आज भी जारी है और भविष्य में भी रहेगा। सभी को यह सिद्धान्त स्वीकार करना ही पड़ेगा।

एक छोटा सा उदाहरण मैं आपको बता देता हूँ। मानव के पहनावे के विषय में सोचकर देखिए। आज पाश्चात्य देशवासी जूता, पैंट, बनियान, कुरता, वेस्टकोट, कोट, नैकटाई, टोपी आदि पहने बगैर घर से बाहर कदम नहीं रखते। इसका प्रभाव दूसरे देशों के लोगों पर भी पड़ा। यह तौर-तरीका एक दिन में तो नहीं आया। आदि मानव प्रकृति की सन्तान के रूप में बाइबिल के आदम और हव्वा की तरह दिगम्बर ही थे। पहले वे केवल पत्तों से अपने शरीर को छिपाया करते थे, बाद में लँगोटी पहनने लगे। इस तरह कई चरणों से गुजरते हुए इस रूप में पहुँचे और आधुनिक मानव बन गए। आदिमानव और आधुनिक मानव में बहुत अन्तर है। परिवर्तन कई चरणों से गुजरता है। दुनिया के विविध देशों की वेशभूषा का विधान इसका सबूत है। विचार तथा भावनाओं के विषय में भी परिवर्तन आया है।

विवाह के सन्दर्भ में भी कई परिवर्तन आए। ऐसा कहना हास्यास्पद होगा कि आदिम युग में भी आज की तरह पुरोहितों के मन्त्रों

से अग्नि को साक्षी बनाकर 'नातिचरामि' कहते हुए विवाह होते थे। विवाह-संस्कार से सम्बन्धित विचार, रिवाज आदि में कई परिवर्तन आए। ये किसी मंजिल पर नहीं रुके। जरूरतों और परिस्थितियों के अनुसार ये परिवर्तित होते गए। अगर किसी देश में ये परिवर्तन तीसरी मंजिल पर रुक गए तो दूसरे देशों में और चार मंजिलों तक पहुँच गए।

शोधक विविध देशों में होनेवाले इन परिवर्तनों को देखते हैं और उनके मूल में छिपे कारणों को खोजने की कोशिश करते हैं। यह जानने का प्रयत्न करते हैं कि आज जो रीति-रिवाज प्रचलित हैं, उनका पहला रूप क्या हो सकता है ? वह तार्किक दृष्टि से सोचता है, इन परिवर्तनों का एक तर्कसंगत क्रम बनाने का प्रयत्न करते हैं। आज शोधक इस निर्णय पर पहुँच चुके हैं कि विवाह की रीति कुछ मंजिलों से गुजरते हुए कई परिवर्तनों के बाद आज की स्थिति में पहुँची है। इस तरह के निर्णय ही हमारी रचनाओं का आधार रहे हैं। हाँ, हो सकता है कि इस विषय में शोधकों के विचार अलग-अलग हों। किन्तु कोई यह नहीं कह सकता है कि ऐसा हुआ ही नहीं।

इन परिवर्तित रूपों के अध्ययन से एक तथ्य सामने आता है। वह यह है कि कई बार परिवर्तन होने के बाद भी इन रीति-रिवाजों के भीतर के कुछ मूल लक्षण तथा उद्देश्य बिना बदले ही चले आते हैं। कई परिवर्तनों के कारण तथ्य और मूल उद्देश्य इस हद तक रीति-रिवाजों के पीछे छिप जाते हैं कि किसी को इनका ज्ञान तक नहीं होता। बस कुछ अर्थहीन प्रथाएँ प्रचलन में रह जाती हैं। ऐसे कई प्रकार के रीति-रिवाज आज के विवाह संस्कारों में हैं। वस्तुतः केवल विवाह में ही नहीं, मानव जीवन से सम्बन्धित कई विषयों और शुभ-अशुभ कार्यों में ये अर्थविहीन रिवाज़ दिखाई पड़ते हैं। शोध करने से कुछ रिवाजों के अर्थ और मूल उद्देश्य थोड़े-बहुत हमें स्पष्ट दिख जाएँगे।

मेधावी विदेशी शोधक दुरभिमान छोड़कर अलग-अलग सभ्यताओं के बारे में अनेक ग्रन्थ लिख चुके हैं। साधारणतया उन्हें भारतीय सभ्यता तथा रीति-रिवाजों के बारे में कुछ मालूम नहीं रहता। हमारे देश के कई शोधक दुरभिमान के कारण दूसरी सभ्यताओं को गिनती में नहीं

लेते। विविध सभ्यताओं में जो विवाह-संस्कार आज प्रचलित हैं, उन सबके पीछे एक अति पुरातन मूल सूत्र तो होगा ही। उस मूलसूत्र को खोजने का प्रयत्न मैं इस रचना के माध्यम से कर रहा हूँ।

इस रचना में सम्मिलित विभिन्न जातियों से सम्बन्धित सारे विषय न काल्पनिक हैं, न ही अतिशयोक्तिपूर्ण। कुछ सुप्रसिद्ध शोधकों ने प्रमाणों के साथ इन विषयों के बारे में लिखा है। सत्य पाठकों के सामने रखना मेरी इच्छा रही है। मैंने पाठकों को धोखे में रखने के लिए कदापि यह रचना नहीं लिखी है। आपको मेरी यही सलाह है कि मैंने जो कहा है, उस पर विश्वास करें।

यह एक प्रकार से प्रवाह के प्रतिकूल तैरना है क्योंकि कुछ रीति-रिवाज हमारी संस्कृति में इस हद तक घुल-मिल गए हैं कि उनके बारे में सन्देह करना तो दूर रहा, हम उनके बारे में सोचते तक नहीं। कई रिवाजों के पीछे जो मूल कारण हैं उन्हें अगर सामने लाया जाए तो वे आज असंगत तथा अश्लील लगेंगे और उन्हें मानना तो क्या, हम सुनने तक से इनकार कर देंगे। यहाँ मैं जिन तथ्यों को आपके सामने रखने का प्रयत्न कर रहा हूँ, वे इसी प्रकार के हैं। कुछ विषयों को मैंने दोहराया है, ताकि यह परिणाम-क्रम टूट न जाए और पाठकों को आसानी से समझ में आ सके।

मैंने जिन ग्रन्थों का आधार लिया है, उनमें ये ग्रन्थ मुख्य हैं–

1. वेस्टर मार्क : हिस्ट्री ऑफ ह्यूमन मैरिज
2. हेवलॉक एलिस : सायकोलॉजी ऑफ सेक्स
3. ब्रीफाल्ट : मदर्स
4. फ्रेजर : गोल्डेन बो वाल्यूम्स
5. मालानोव्स्की : वर्क्स ऑफ रिसर्च
6. थर्स्टन : कास्ट्स एंड टेल्स ऑफ सदर्न इंडिया
7. क्रॉले : मिस्टिक रोज
8. हास्टिंग्स : इनसायक्लोपीडिया ऑफ रिलीजन एंड एथिक्स
9. समर : साइंस ऑफ सोसायटी

–तापी धर्माराव

अनुक्रम

विवाह : प्रश्नों का सिलसिला

विवाह माने भीड़-भाड़, कुछ सन्तोष, वर-वधू, एक विलास कार्य, कुछ लेन-देन, कुछ रस्मो-रिवाज, कुछ असन्तोष आदि है। विवाह के बारे में कौन नहीं जानता ? फिर भी विवाह का वास्तविक अर्थ तथा विवाह संस्कार के पीछे की मूल भावनाओं को पूर्णरूप से जाननेवाले बहुत कम ही होंगे। मानव जीवन के आरम्भ से लेकर आज तक कितने विवाह हुए होंगे ! देवी-देवताओं के विवाह भी हुए हैं, होते हैं, होते रहेंगे (उदाहरण–तिरुपति बालाजी का विवाह, सीता-राम का विवाह–आदि आज भी किए जाते हैं।) आज भी सारी दुनिया में रोज हजारों विवाह हो रहे हैं। विवाह करके दम्पति जी रहे हैं, कुछ विवाहित स्त्री-पुरुष पुनर्विवाह कर रहे हैं, अविवाहित स्त्री-पुरुष विवाह करने के लिए तरस रहे हैं, कुछ लोग गुड्डे-गुड़ियों की शादियाँ करके आनन्द पा रहे हैं, विवाह-परिणाम को जानकर कुछ सबक सीख रहे हैं। ऐसा लगता है कि सारी दुनिया विवाह के लिए जी रही है। इस स्थिति को देखने के बाद यह कहना कि विवाह के बारे में जाननेवाले बहुत कम हैं,

दुस्साहसपूर्ण होगा, है न!

लेकिन साहस कर प्रश्न पूछा जाए तभी तो असली सत्य सामने आ पाएगा। पहले यह मान्यता थी कि पूछना ही अज्ञान है किन्तु अब वे दिन नहीं रहे। भरे हुए मटके की तरह इधर-उधर न छलकनेवाले को महाज्ञानी कहना आज मूर्खता है। प्रश्न पूछनेवाला ही आज ज्ञानी है। इन प्रश्नों के उत्तर जो दे सकता है वही महान है।

जब प्रश्न पूछने बैठते हैं तो आरम्भ हो जाता है प्रश्नों का सिलसिला। विवाह माने क्या है ? विवाह क्यों करना चाहिए ? विवाह में ये ठाट-बाट क्यों ? ये रीति-रिवाज क्यों ? विवाह संस्कार का जन्म कब हुआ ? क्यों हुआ ? कैसे हुआ ? इस तरह के कई प्रश्न उठेंगे। इनमें से कुछ प्रश्नों के उत्तर अनुभव के आधार पर दिए जाते हैं, तो कुछ के सोच-विचार कर और कुछ के शास्त्र व इतिहास के पन्ने पलट कर। यह एक प्रश्नों का जाल है, इसमें एक बार फँस जाएँगे तो फँसते ही जाएँगे। किसी-किसी प्रश्न का तो उत्तर पाना भी असम्भव सा लगता है। विवाह, परिणय आदि शब्दों के बारे में शास्त्रज्ञ कुछ-न-कुछ बताएँगे, चाहे उसमें कोई अर्थ हो या न हो कि इसका विवाह नाम क्यों पड़ा ? विवाह माने क्या है ? यानी पढ़े-लिखे लोगों की भाषा में कहा जाए तो विवाह की परिभाषा देनी चाहिए। किन्तु परिभाषा देना कठिन कार्य है।

एक बार एक राजा के दरबार में मानव की परिभाषा के बारे में प्रश्न उठा। मानव की परिभाषा बताने के लिए बड़े-बड़े पंडितों ने बहुत प्रयत्न किए। अगर कोई एक महाज्ञानी मानव की परिभाषा बताता था तो तुरन्त दूसरा महापंडित उसका खंडन कर देता था। अगर दूसरा और कोई महापंडित परिभाषा देता था तो तीसरा महाज्ञानी उसकी अवहेलना करने लगता था। रात-दिन पंडितों ने इसके बारे में विचार किया था। समीक्षा के सामने जो टिक सके, ऐसी परिभाषा कोई भी नहीं दे सका। इस पर राजा निराश हो गया तो सभा में एक पंडित उठा और उसने कहा कि महाराज ! सृष्टि में जिस जानवर के बाल नहीं हैं और दो टाँगें हैं, वही मानव है और यही मानव की परिभाषा है।

दूसरे दिन एक अन्य नटखट विद्वान पूरे बाल उखाड़कर एक

बन्दर को ले आया और भरी सभा में कहने लगा कि महाराज ! देखिए यही मानव है जिसकी परिभाषा हमारे महापंडित दे चुके हैं। इस पर सभी लोग हँस पड़े और शोर मचाने लगे।

विवाह की परिभाषा मिलना कठिन है। विवाह माने क्या है ? फ्रांस, जर्मनी व अन्य देशों के तमाम पंडित, महापंडित और विद्वान इस सवाल का उत्तर देने के लिए कई प्रयत्न कर चुके हैं, और आज भी कर रहे हैं। किन्तु इतने प्रयत्न करने पर भी अब तक दिए गए उत्तर निशाने से थोड़ी दूर ही लगे हैं, क्योंकि इस विशाल दुनिया में विवाह का न कोई एक शास्त्र है, न कोई एक मंजिल।

एक राजकुमार था। उसका विवाह ठाट-बाट से हो रहा था। वह दूल्हा बनकर हाथी के हौदे पर बैठकर बैंड बाजे के साथ जा रहा था। उसके वैभव के बारे में क्या कहने ! बारात में लोग पटाखे चला रहे थे। माहौल रंगीन था। एक गली से वह गुजर रहा था। वहाँ पर एक झोंपड़ी के पास दो मशालें जल रही थीं। वहाँ ढोलक बज रहा था। चार लोग वहाँ जमा थे। कुछ हलचल हो रही थी। राजकुमार ने यह सब देखते ही अपने सेवक से पूछा कि यह क्या है ? उत्तर मिला कि 'होगी किसी धोंड़िए की शादी' । राजकुमार जोर से हँसा और कहने लगा–"क्या यह भी कोई शादी है ?"

बेचारा राजकुमार ! हम उसे दोषी नहीं ठहरा सकते क्योंकि विवाह के प्रति उसके विचार अलग हैं, उसका अनुभव अलग है। उसने जो देखा वह अलग है, उसने जो सुना वह अलग है। धोंड़िए का विवाह तो वैसा नहीं था। इसलिए उसे वह विवाह कैसे मानता ? अंग्रेजों का विवाह हमारे पंडितों की दृष्टि से शादी ही नहीं है। रूस देश की विवाह-पद्धति अंग्रेज स्त्री की दृष्टि में विवाह नहीं है। वहीं हमारे विवाह देखकर कई दूसरे देशों के लोग हँस-हँसकर लोट-पोट हो जाते हैं।

ये सब बातें हमारे सभ्य समाज की हैं। न जाने और कितनी जातियाँ, कितनी टोलियाँ, कितने देश होंगे, जो अब भी असभ्य समझे जाते हैं। वे भी विवाह करते हैं। उनके विवाह देखने के बाद आप क्या कहेंगे ? सुनने के बाद आपके होशो-हवास उड़ जाएँगे।

इतना ही क्यों ? उन पंडितों को, जिन्होंने श्रीराम के समय, श्रीकृष्ण के समय में विवाह कराए थे, बुलाकर अगर हमारे आज के विवाह संस्कार को दिखाएँ तो या तो वे हँस-हँसकर लोट-पोट हो जाएँगे या आँखें मूँदकर, कान बन्द करके वापस चले जाएँगे। उनके हृदयों में भी यही बात गूँजती रहेगी कि क्या यह भी विवाह है ?

विवाह-पद्धतियों में इतने भेद होने और विवाह के परिणाम अलग-अलग होने के कारण, कोई भी विवाह की सही परिभाषा नहीं दे सकता। हम भी तो नहीं दे सकते। जो विवाहित लोग सुखी दिखाई पड़ रहे हैं (सत्य तो यह नहीं है) उन्हीं से पूछिए कि विवाह क्या है ? अलग-अलग व्यक्ति अलग-अलग परिभाषाएँ देंगे क्योंकि हर व्यक्ति के विचार और अनुभव अलग-अलग होते हैं।

कोई कहेगा कि विवाह एक पत्थर को गले में बाँधना है। दूसरा कहेगा कि यह एक प्रकार से ठेका लेना है ताकि दूसरा कोई अपनी चीज का उपयोग न कर सके। तीसरे का विचार होगा कि पसन्द हो या नापसन्द, किसी तरह घर चलाना ही विवाह है। आगे कोई कहेगा कि 'दिन भर काम, रात में झगड़े' यही विवाह है। किसी की राय होगी कि वंशक्रम जारी रखने के लिए यह एक साधन है। किसी के लिए विवाह स्वर्ग जाने का एक रास्ता है। किसी के विचार में यह एक परम्परा है, किसी अन्य के विचार में एक हलचल।

प्रश्न तो बहुत कठिन है। सचमुच ऐसा प्रश्न पूछना भी उचित नहीं है। फिर भी हम पूछते जाएँगे। यह दुनिया विशाल है। परिवर्तनशील है। समय का न आदि है न अन्त। जगह-जगह पर अलग-अलग परम्पराएँ कायम रहती हैं। अलग-अलग विचार होते हैं। कल जो था, आज नहीं है; आज जो है कल नहीं रहेगा। अगर हम सत्य जानना चाहेंगे तो पूर्वग्रहों और दुरभिमान को छोड़ना होगा। निर्मल मन से सभी विषयों को स्वीकार करना चाहिए। फिर तर्क-वितर्क करना चाहिए और निष्पक्ष समीक्षा करनी चाहिए।

वही मानव इस दुनिया में नीतिवान है
जो सबकी सुनता है, क्रोध में न आकर
सत्य जानने का प्रयत्न करता है।

स्त्री-पुरुष जातियाँ

विवाह क्यों करना चाहिए ? यह एक बड़ा प्रश्न है। हजारों वर्ष पहले भी यह बड़ा प्रश्न था, आज भी है। हजार वर्षों के बाद भी यह एक बड़ा प्रश्न ही रहेगा। इस प्रश्न का उत्तर नहीं मिलेगा क्योंकि इसका उत्तर इस दुनिया में नहीं है। कोई उत्तर देगा कि माँ बूढ़ी हो गई, घर सँभालनेवाला कोई नहीं है, इसलिए विवाह करना पड़ता है। कोई कहेगा यौन तृप्ति के लिए, दूसरा कहेगा प्रेम के लिए, तीसरा कहेगा बच्चे पैदा करने के लिए और चौथा कहेगा पहली पत्नी की औलाद का पालन-पोषण करने के लिए...इस तरह कई कारण बतलाए जाएँगे। एक बड़ा कारण यह बताएँगे कि हमारे दादा-परदादा और उनके भी परदादा, सभी ने विवाह किए, इसीलिए हमें भी विवाह करना चाहिए।

इस प्रथा के कारण विवाह जीवन की एक अत्यावश्यक घटना बन गई। जिस तरह दसवाँ साल गुजरने के बाद ग्यारहवाँ साल आता है, उसी तरह एक वय पर विवाह होना अनिवार्य है। जिस तरह

लड़की रजस्वला होती है, ठीक उसी तरह विवाह होना जिन्दगी में एक अनिवार्य कार्यक्रम है। बाल्यावस्था बीतने के बाद यौवन, यौवन के बाद बुढ़ापा आना स्वाभाविक है, नैसर्गिक है। उसी तरह विवाह। बाल्यावस्था के बाद विवाह, विवाह के बाद बाल-बच्चे होना स्वाभाविक ही नहीं, अनिवार्य भी है। इस प्रथा में इतना बल है कि कोई इसके विरुद्ध बोलने का साहस तक नहीं कर सकता।

इसलिए आजकल यह पूछना मूर्खता होगी कि विवाह क्यों करना चाहिए ? हमें इस विषय में थोड़ा-बहुत सावधान रहना चाहिए। हमें यह नहीं भूलना चाहिए कि हम किस सत्य को जानने का प्रयत्न कर रहे हैं ! यह विवाह का रिवाज क्यों आया ? इसको इतना महत्त्व क्यों दिया जाता है ? हम यहाँ पर इसका परिशीलन कर रहे हैं।

'रिवाज ही ऐसा है', 'यह पुरानी प्रथा है'—कहना इसका कोई उत्तर नहीं होगा। 'चोरी क्यों की ?' इस प्रश्न का उत्तर, 'हाँ ! मैंने चोरी की है', तो नहीं हो सकता।

इसी तरह जब इन प्रश्नों का हम विश्लेषण करेंगे तब इन रीति-रिवाजों की बात नहीं उठानी चाहिए। यह एक तथ्य आपको हमेशा याद रखना पड़ेगा। रीति-रिवाजों को परे रखकर, पीछे पलटकर देखें और दृष्टि को बीते हुए समय पर डालें, तभी असली सत्य को आप जान सकेंगे।

असल में विवाह का झंझट उत्पन्न होने का पहला कारण प्रकृति ही है। प्रकृति में स्त्री-पुरुष नामक दो जातियाँ हैं। 'अमीबा' जैसे जन्तुओं की तरह एक जाति रहती तो यह विवाह का झंझट नहीं पैदा होता। अगर दो जातियों के बदले मानव समाज में तीन-चार जातियाँ होतीं, तो कैसा होता ? कहा जाता है कि कुछ कीड़ों में तीन जातियाँ होती हैं।

यदि स्त्री-पुरुष जातियाँ बहुत दूर-दूर रहतीं तो अच्छा होता, किन्तु ऐसा नहीं हुआ। स्त्री और पुरुष दोनों जातियों को मिलकर रहना पड़ा। इससे सम्बन्ध तथा सम्पर्क अनिवार्य हो गया।

इतना ही नहीं, प्रकृति में एक रहस्य है। प्रकृति यही चाहती है

कि प्राणी, झाड़, मृग, मानव आदि जातियाँ कभी लुप्त नहीं होनी चाहिए, कभी नष्ट नहीं होनी चाहिए। इन सब जातियों में निरन्तर परम्परागत अभिवृद्धि होनी चाहिए। इसे ही प्रकृति का आत्मसंरक्षण या जाति संरक्षण कहा जाता है। आज जितने शेर हैं, वे सब मरने के बाद नए शेर पैदा होने चाहिए। आम का पेड़ कभी लुप्त नहीं होना चाहिए यानी नया आम का पेड़ पैदा होना चाहिए।

सृष्टि या प्रकृति के लिए यह जाति संरक्षण ही प्रधान कार्य है। इसके लिए जीना है। खाना, सोना आदि काम भी इसी के लिए तो हैं। ये सभी साधन हैं। पौधे का बड़ा होना और फूल लगना आदि फल के लिए ही तो है। फिर वही बीज बनता है, पौधे को जन्म देने के लिए। यह एक प्रकार से प्रकृति का नियम है। हमेशा प्रकृति जाति संरक्षण के प्रति सचेत रहती है। यह काम प्रकृति मोह-माया छोड़कर करती ही रहती है और अधिक मात्रा में करती ही रहेगी। एक वाक्य में कह सकते हैं कि जन्म देना ही प्रकृति का काम है।

यह काम निर्विघ्न चलाने के लिए प्रकृति सदैव जागरूक रहती है। इधर-उधर न हिल सकनेवाले पेड़ पौधों के बार-बार जन्म लेने का इन्तजाम प्रकृति ने किया है। जीव-जन्तुओं के जन्म लेते रहने के लिए भी एक उपाय उसने निकाला है। स्त्री-पुरुष जोड़ी बनाना भी उपाय है। जोड़ी बनाना एक प्राकृतिक सत्य है। इसमें ही प्राकृतिक सौन्दर्य है।

खाना हजम होने के बाद भूख लगती है। थक जाएँ तो नींद आती है। उसी तरह एक समय पर जब तृष्णा या कामवासना जागृत होती है तब जोड़ी बनाने की बुद्धि अपने आप ही पैदा होती है। यह भूख नैसर्गिक है, अनिवार्य है। प्राणी को जोड़ी बनानी ही पड़ती है। यह एक उद्वेग है, एक लोहा है। इस उद्वेग को कोई भी प्राणी रोकने का प्रयत्न नहीं करता। कोई भी अक्लमन्द ऐसा करने के लिए कहेगा ही नहीं। प्रकृति के विरुद्ध चलना गलत है।

'क्यों खाया ?' पूछेंगे तो उत्तर यही मिलेगा कि भूख लगी थी इसलिए। 'क्यों सोया ?' पूछेंगे तो यही उत्तर मिलेगा कि नींद आई थी इसलिए। इसी तरह, 'क्यों जोड़ी बनाई' पूछेंगे तो यही उत्तर मिलेगा कि

मुझसे रहा नहीं गया।

प्राकृतिक सूत्रों के अनुसार जीना ही मानव का काम है। इसलिए जोड़ी बनाना अनिवार्य है। पसन्द और नापसन्द का कोई प्रश्न ही नहीं उठता। वय से कोई सम्बन्ध नहीं है। रूप, गुण आदि की इस विषय में कोई प्रधानता नहीं है। यह केवल एक प्राकृतिक कार्य है। इसलिए यह काम करना सबके लिए अनिवार्य है।

कुछ लोगों का कहना है कि ये गुण प्रकृति में निहित होने के कारण ही विवाह-संस्कार मानव के लिए अनिवार्य बन गया। किन्तु इसमें एक उलझन है, यह जोड़ी बनाने की भावना क्षणिकोद्वेग है, यह बुद्धि कभी-कभी ही पैदा होती है। यह उद्वेग अधिक देर तक नहीं रहता। फिर इसके लिए शाश्वत विवाह बन्धन की क्या जरूरत है। किसके लिए ? जानवरों में भी यह जोड़ी बनाने का कार्य चलता रहता है। फिर जानवर विवाह क्यों नहीं करते ? जोड़ी बनाने के बाद पक्षी हो या जानवर, थोड़े दिन मिलकर रहते हैं, बाद में दोनों के रास्ते अलग-अलग हो जाते हैं।

आरम्भ में मानव के विषय में भी यही होता था। असल में जोड़ी बनाने और सन्तान के बीच कुछ सम्बन्ध है, इस विषय में भी वे प्रायः नहीं जानते थे। आगे चलकर मैं इसके बारे में विश्लेषण करूँगा। अभी केवल सन्तान का विषय लेते हैं। यह काम केवल स्त्री का है। बच्चे को दूध देना, संरक्षण करना स्त्री का काम है। इसलिए बच्चे के बड़े होने तक माँ उसके साथ रहनी चाहिए। किन्तु पुरुष किसके लिए ? इस विवाह की जोड़ी में वह कैसे आ गया ?

कुछ पक्षियों की जातियों में, कुछ जानवरों में सन्तान के बड़े होने तक नर और मादा मिलकर रहते हैं। यह भी बहुत कम दिखाई पड़ता है। लाख जातियों में से एक-दो जातियों में ऐसा हो सकता है। उनमें भी इस तरह मिलकर रहना सन्तान के बड़े होने तक ही दिखाई पड़ता है। बाद में दोनों के रास्ते अलग-अलग हो जाते हैं। फिर नई जोड़ी बनाते हैं। फिर नई सन्तान। सब कुछ नया ! विवाह जैसा संस्कार कहाँ है ?

हाँ, आज हम यही कहते हैं कि स्त्री-पुरुष के बीच एक आत्मिक

मिलन होता है, इसलिए विवाह किया जाता है। किन्तु सत्य यही है कि यह एक नाटक है। यह आजकल की बात है। पुराने जमाने में इस तरह का शब्द भी नहीं था। पैसे देकर खरीदते समय (कन्या शुल्क), जबर्दस्ती उठाकर ले आते समय, पूरे घर के पुरुषों के लिए एक पत्नी लाते समय, माँ-बाप वर-वधू को ढूँढ़कर विवाह करके देते समय, वर दक्षिणा लेते समय (ये सब कुछ पहले भी हुआ था, आज भी हो रहा है) यह बात कहाँ तक लागू हो सकती है ?

मन, प्रेम, आत्मिक मिलन आदि शब्दों का उपयोग करना कल-परसों से ही शुरू हुआ है। मानव-इतिहास की शुरुआत में इनके लिए कोई स्थान नहीं था। मातृप्रेम के विषय में भी देखें। मातृप्रेम एक प्रकृति-नियम है। यह नियम जाति-संरक्षण के लिए बनाया गया है। जाति-संरक्षण तक ही यह मातृप्रेम लागू होता है। उसके बाद न यह भावना दिखाई पड़ती है और न ही इसके बारे में नर-मादा सोचते हैं।

अंडे या शिशु का संरक्षण करने के लिए मादा शत्रु पर झपट पड़ती है। प्राण जब तक हैं, तब तक लड़ती है। यह सत्य है। किन्तु यह क्या है ? बड़े-बड़े नाम न दिए जाएँ तो इतना ही कहा जा सकता है कि यह एक प्रकृति-नियम है। इसे जाति-संरक्षण के लिए एक अनिवार्यता के रूप में देखना चाहिए। यह पशु-पक्षियों में पाया जाने वाला महागुण कदापि नहीं है। इसको ही सभ्य समाज ने प्रेम, मन आदि बड़े-बड़े नाम दिए हैं। पेड़ों में भी जाति-संरक्षण का यह गुण पाया जाता है। फूलों को धक्का नहीं पहुँचना चाहिए, इसलिए कली के ऊपर वृन्तदल रहते हैं। कच्चे फल में रहनेवाले बीजों को धक्का नहीं पहुँचना चाहिए इसलिए उन पर एक सख्त परत रहती है। यह भी सन्तान-प्रेम ही तो है। इस लिहाज से सबसे अधिक सन्तान-प्रेम नारियल के पेड़ को है। दो-दो परतें नारियल के बीच में बनी रहती हैं। इसी तरह यह कहा जा सकता है कि लताकरंज की झाड़ी को जितना सन्तान-प्रेम है, उतना और किसी पौधे को नहीं।

इस तरह अगर कहते जाएँ तो कुछ कड़वाहट प्रतीत हो सकती है। किन्तु इतिहास देखें तो यह सत्य सामने आता है कि मैंने जो कुछ

कहा है, वह काल्पनिक नहीं है। कई जातियों में ऐसी माताएँ थीं जो लड़की पैदा होते ही उसे मार डालती थीं। बच्चों का गला घोंटनेवाली माताएँ कई जातियों में हैं। उन दिनों समाज को जब भी लड़कों की जरूरत पड़ती थी, लड़कियों को मार दिया जाता था। इसी तरह जब भी लड़कियों की जरूरत पड़ती थी तब लड़कों को पैदा होते ही मार डाला जाता था। इस कार्य के पीछे स्त्री का ही हाथ रहता था। यह ऐतिहासिक सत्य है। पैदा होते ही बच्चों को मारकर खानेवाले जानवर भी हैं। ऐसे कई जानवर हैं जिन्हें यह भी मालूम नहीं कि बच्चे क्या होते हैं ?

आजकल हम बहुत सभ्य बन गए हैं हमने प्रेम नामक भावना को बड़ा स्थान दे दिया है। प्रेम है, ऐसा महसूस करते हुए जीना एक प्रथा बन गई है। यह भावना अगर नहीं दिखाएँ तो हम दोषी बन जाते हैं। यह एक महापाप है। इसी प्रथा के कारण आज हम एक-दूसरे पर नकली प्रेमवर्षा कर रहे हैं। किन्तु उस जमाने में ऐसा बिल्कुल नहीं था। उस जमाने में अगर किसी माँ से पूछा जाता कि तुम अपनी सन्तान से प्यार करती हो, तो वह अवाक् रह जाती थी। असल में सन्तान प्रेम क्या है, उसे मालूम ही नहीं था।

इसी तरह उन दिनों किसी विवाहित पुरुष अथवा स्त्री से प्रेम के विषय में पूछा जाता है तो यह क्या बला है, न मालूम होने के कारण वे उलझन में पड़ जाते थे। इस तरह के बेबुनियाद तथा असंगत सवाल पूछने के कारण वे हमारे हाथ-पैर भी तोड़ सकते थे। प्रेम नामक शब्द को विवाह से नहीं जोड़ा जा सकता है।

जोड़ी बनाना विवाह संस्कार कदापि नहीं हो सकता। सन्तान भी केवल स्त्री क़ो बाँध सकती है किन्तु पुरुष को साथ नहीं घसीट सकती।

स्त्री-पुरुष सम्बन्ध

स्त्री-पुरुष एक जगह मिलकर रहते हैं। हर प्राणी में जोड़ी बनाने की प्रबल इच्छा विद्यमान होती है। प्रकृति में जितने भी जानवर हैं, पक्षी हैं, कीड़े हैं, फूल हैं, सबके लिए जोड़ी बनाना अनिवार्य है। यह प्रकृति का नियम है। मानव भी यही कार्य करते हैं। यह काम करना जाति-संरक्षण के लिए अनिवार्य भी है। यह अपनी इच्छा पर आधारित नहीं है। यह एक प्राकृतिक सूत्र है। जाति को जिन्दा रखने का एक उपाय है। इसमें कभी कोई रुकावट नहीं आएगी।

जोड़ी बनाने के कार्य में मौजूदा काल में कई नियम जोड़े गए। इच्छा-अनिच्छा, सौन्दर्य, प्रथा, गौरव आदि कई विषयों के बारे में आज हम सब सोचते हैं। किन्तु आदि मानव के समय में मानव का बर्ताव जानवर जैसा था। जानवरों में जिस तरह साथी चुनने की पद्धति नहीं है, उसी तरह मानव में भी यह पद्धति नहीं थी। स्वेच्छा से, जब कामवासना जागृत होती तब जोड़ी बनाई जाती थी। रिश्ते-नाते, निषेध, सम्बन्ध आदि का इस स्थिति में कोई महत्त्व नहीं होता था।

सृष्टि की आरम्भिक अवस्था में मानव-जाति के लिए न कोई नियम थे, न कोई निषेध, ऐसा हम कहेंगे तो महापंडित क्रोधित हो जाएँगे। ये शुद्ध वस्त्रवाले इस सत्य को सुन नहीं सकेंगे। 'इतना अनाचार तोबा-तोबा,' कहते हुए वे आँखें मूँद लेंगे। उनके विचार में यह सब गलत है।

इसी उद्देश्य से बेचारे ! अपनी सारी अक्लमन्दी दिखाई। उन्होंने यह साबित करने का प्रयत्न किया है कि मानव इतना स्वेच्छाचारी कभी नहीं था। सिद्धान्त भी बनाया। किन्तु विश्वास कौन करेगा ? आदि मानव समाज में यौन स्वतन्त्रता थी, इसके चिह्न आज भी दिखाई पड़ रहे हैं। प्रथाएँ धीरे-धीरे कैसे परिवर्तित होती हैं, इस सत्य को जाननेवाले सब शास्त्रज्ञ आदि मानव की यौन स्वतन्त्रता को स्वीकार कर लेते हैं। किन्तु ये 'शुद्ध वस्त्र' क्यों बात को स्वीकार नहीं करते ?

इस बुद्धि की जड़ें उनमें इतनी मजबूत हो गईं कि अब वे उन्हें निकालकर फेंकना चाहें तो भी फेंक नहीं सकते। उनका कहना है कि अनादिकाल से विवाह संस्कार आज के जैसा ही रहा है। वे यही बहस करते हैं कि राम और सीता का विवाह भी आजकल के हमारे विवाहों की तरह हुआ था। ये महाशय प्रबन्धों में पद्य भी लिखते हैं। आजकल इस प्रकार के विवाह संस्कार से बहुत कुछ नुकसान हो रहा है ऐसा कहा जाए तो वे कभी स्वीकार नहीं करेंगे। श्लोक और प्रमाण दिखाएँगे। और कहेंगे कि यह विवाह-पद्धति ही अच्छी है। व्यभिचार बढ़ता ही जा रहा है, पातिव्रत धर्म नष्ट हो रहा है। इस कुंकुम-बिन्दी की आड़ में क्या-क्या अनैतिक काम नहीं हो रहे हैं ! अनैतिक सम्बन्धों के कारण पैदा होने से पहले ही बच्चों का गला घोंटा जा रहा है। इसे सबके लिए प्रमाण भी दिखाएँगे तो भी हमारे 'शुद्ध वस्त्र' नहीं मानेंगे। इनकी धर्म-रेखा के बाहर हम एक भी कदम रखेंगे तो वे आगबबूले हो जाएँगे, चिल्लाएँगे। वे कदापि इस सत्य को स्वीकार करने के लिए तैयार नहीं होंगे कि आदिमानव विशृंखल था।

ये पंडित चाहे कुछ भी कहें, किन्तु यह शोध चलता ही रहेगा। आरम्भिक काल में मानव विशृंखल घूमते थे। आज भी अफ्रीका के कई

इलाकों और आदमियों में स्त्री-पुरुष स्वेच्छा से घूमते हैं। बाँधने (विवाह) के मायने उनको मालूम नहीं हैं। अफ्रीका की एक जाति में पुरुष किसी भी स्त्री के साथ जा सकते हैं। तिब्बत, मध्य भारत, नीलगिरि की कुछ जातियाँ विवाह, बाँधना, हमेशा साथ रहने, शाश्वत बन्धन आदि तथ्यों के बारे में जानती ही नहीं। बोरनियो में विवाह नामक संस्कार बिल्कुल नहीं है। वहाँ केवल विशृंखलता ही दिखाई पड़ती है।

मलाका में एक जाति है। इस जाति में हर स्त्री को टोली के हर पुरुष के साथ रहना पड़ता है। इसमें कुछ गलत नहीं है। यह कोई अनैतिकता नहीं है।

रूस में बहुत प्राचीनकाल में हर पुरुष को किसी भी स्त्री के साथ जोड़ी बनाने का अवसर मिलता था। वहाँ पर स्त्री के लिए एक ही पति का नियम नहीं था।

मध्यधरा समुद्र प्रान्त की कई जातियों में जोड़ी बनाने का कार्य केवल स्वेच्छा पर ही आधारित होता था। इस बारे में कोई नियम नहीं थे।

इस विषय से सम्बन्धित कई प्रमाण उपलब्ध हैं। इसलिए इस सत्य को स्वीकार करना पड़ेगा कि जोड़ी बनाने के लिए कोई नियम प्रभावी नहीं थे। अगर आप इसे अस्वीकार करते हुए बहस करेंगे तो कई प्रमाण, कई दृष्टान्तों की वर्षा होगी। आखिर इस सत्य को स्वीकार करना ही पड़ेगा और पंडितों को अपना 'शुद्ध वस्त्र' छोड़ना ही पड़ेगा।

सृष्टि आदिकाल से आज तक एक जैसी ही है, ऐसा सोचना एकदम गलत है। ऐसा सोचना शोधकार्यों में भी एक रुकावट है। उन दिनों अगर कोई स्त्री समाज से दूर रहकर किसी पुरुष के पास नहीं जाती थी तो उसे हेय दृष्टि से देखा जाता था। एक उदाहरण देखें—गोमूत्र-पान करना पवित्र काम है, यह कहनेवाले लोग आज भी हैं। जबकि सभ्य पढ़े-लिखे लोग आज इस प्रथा को कितनी हीन दृष्टि से देखते हैं। पूर्वजों की दृष्टि में गोमूत्र सारे पापों को धो डालनेवाली पवित्र वस्तु है। मौजूदा काल की दृष्टि से देखा जाए तो यह मान्यता हास्यास्पद लगती है।

स्त्री-पुरुष का सम्बन्ध प्रकृति का एक सत्य है। केवल विवाह के कारण ही इस सम्बन्ध का जन्म नहीं हुआ है। विवाह संस्कार न होने पर भी यह स्त्री-पुरुष सम्बन्ध रहेगा और सृष्टि इसी तरह चलती रहेगी। स्त्री-पुरुष के यौन जीवन के लिए विवाह संस्कार एक अप्रधान अंग है। जाति-संरक्षण के लिए विवाह संस्कार रहे या न रहे, इसका कोई फर्क नहीं पड़ता। विवाह न रहने पर सृष्टि के लिए कोई भी नुकसान नहीं है।

इसका क्या अर्थ है ? सृष्टि में, ईश्वर की दृष्टि में विवाह के लिए कोई स्थान नहीं है। विवाह संस्कार की रचना के पीछे किसी का हाथ है। सच देखा जाए तो विवाह संस्कार स्त्री-पुरुष सम्बन्ध को एक चौखंट में बाँध देने वाला है। जो स्त्री सबके लिए होती थी (इसमें स्त्री-स्वतन्त्रता भी निहित है), उसे किसी पुरुष या किसी एक टोली के लिए सीमित करना ही विवाह है। सबके उपभोग के लिए जो पुरुष होता था, उसे किसी एक स्त्री या किसी एक टोली की स्त्रियों के लिए सीमित करना ही विवाह है। यानी स्त्री-पुरुष सम्बन्धों को एक नियम में बाँधकर इन सम्बन्धों को संकुचित करनेवाला ही विवाह संस्कार है।

कई जातियों में यह प्रथा पाई जाती है कि विवाह से पूर्व लड़कियाँ स्वेच्छा से किसी भी लड़के के साथ खुल्लम-खुल्ला घूम सकती हैं। विवाह होते ही इस स्वेच्छाचारिता पर बेड़ियाँ डाल दी जाती हैं। कुछ जातियों में स्त्री किसी एक पुरुष से विवाह करने से पूर्व सभी पुरुषों की होती है। अगर पति की मृत्यु हो जाए तो वही विधवा पुनर्विवाह होने तक किसी भी पुरुष के साथ रह सकती है।

इस तरह का बन्धन दूसरों को दुःख पहुँचाता है। शायद इसीलिए कुछ जातियों में एक नियम बनाया गया। इस रिवाज के अनुसार किसी स्त्री को विवाह करने से पहले सभी पुरुषों के पास जाना पड़ता था। यह एक सनातन रिवाज बन गया। इसी तरह दूल्हा भी विवाह के पहले और विवाह के दिन भी दूसरी स्त्रियों के साथ रह सकता है। बस विवाह के दिन स्त्री-पुरुष स्वेच्छा से घूमने का हक खो देते हैं। विवाह पूर्व स्वेच्छाचारिता को मौजूदा दौर में सारी दुनिया की सम्मति मिल चुकी

है। इस स्वेच्छाचारिता के समय अगर स्त्री की कुछ कमाई होती है तो उस धन को वह या तो विवाह होने के बाद दम्पतियों के खर्च में या देवालयों को दान देने के लिए उपयोग में लाती थी। देवालयों को दान देकर वे शिलालेखों पर अपना नाम लिखवाती थीं।[1]

स्त्रियाँ केवल धन ही नहीं कमा सकती थीं, अपितु विवाह पूर्व सन्तानवती भी हो सकती थीं। यानी समाज अनब्याही माँ को स्वीकार करता था। ऐसी सन्तान को कानीनु, कहते हैं—कर्ण आदि को उदाहरण के रूप में ले सकते हैं। ऐसी सन्तानों के विषय में भी कुछ नियम हैं। अनब्याही माँ से विवाह करने के लिए पुरुष तैयार हो सकता है किन्तु उसकी सन्तान का क्या हो ? माँ के साथ-साथ उसे भी स्वीकारें या नहीं ? इस सन्दर्भ में धर्मशास्त्रज्ञों ने कुछ शास्त्र बनाए थे। विज्ञानेश्वरीयम् में निम्न प्रकार का एक धर्मसूत्र है—

> कन्या से उत्पन्न सन्तान को कानीनु कहा जाता है।
> वह मातामह के लिए सन्तान समान है।
> उसकी माँ के किसी और की पत्नी बनने पर
> उसके पति को सन्तान के रूप में कानीनु को
> स्वीकार करना ही पड़ता है।

इस धर्मसूत्र से यही विदित होता है कि अनब्याही माँ की सन्तान को धर्मशास्त्रज्ञों ने स्वीकार किया है।

स्त्री-पुरुष सम्बन्ध प्रकृति सिद्ध है। स्वेच्छा प्रकृति की देन है। विवाह इसकी बेड़ी है। खुद मानव ने ही विवाह संस्कार बनाया है। इसमें प्रकृति का हाथ नहीं है।

---

1. मेरी पुस्तक 'देवालयों पर मिथुन-मूर्तियाँ क्यों ?' में मैंने इस विषय के बारे में लिखा है।

क्या विवाह सन्तान के लिए है ?

साधारणतया सबकी मान्यता यही है कि सन्तान के लिए हमें बन्धन में रहना पड़ता है। यह सच है कि इस तरह का बन्धन जानवरों और पक्षियों में भी पाया जाता है। किन्तु यहाँ पर थोड़ा-बहुत अन्तर है। पक्षियों में यह कायदा केवल मादा के लिए है। वह भी बच्चे पैदा होने तक ही होता है। उसके बाद नहीं रहता है, किन्तु नर को इस कायदे में क्यों आना चाहिए ? किसके लिए ? इतने दीर्घ समय तक उसे बन्धन में क्यों रहना चाहिए ?

इन प्रश्नों का बच्चों से कोई सम्बन्ध नहीं है। बन्दर की कुछ प्रजातियों और पक्षियों की प्रजातियों में नर भी कायदे में रहते हैं। किन्तु हमारे विवाह का कायदा अलग है। हाँ, एक-दो जातियों में मादा को कुछ हद तक सुख-सुविधा मिलने तक नर इस बन्धन में रहता है। बाद में सन्तान का विषय मादा को ही देखना पड़ता है। किन्तु यह बन्धन सन्तान के थोड़ा बड़े होने तक ही रहता है। यदि आप कहेंगे कि यह हमारे विवाह जैसा ही है, तब तो इस दलील पर हँसना ही पड़ेगा।

सन्तान से उत्पन्न पारिवारिक जीवन में स्त्री का आना प्राकृतिक स्वभाव है। लेकिन इसमें नर को खींचकर लाने की शक्ति प्रकृति में नहीं है। यानी विवाह प्रकृति का कायदा नहीं है, मानव निर्मित है। यह विवाह संस्कार क्यों बनाया गया है ? इसके पीछे क्या कारण हैं ? यह किस रूप में प्रविष्ट हुआ ? आज हमें यह भूत की तरह (विवाह के कारण कई समस्याएँ हैं) किस प्रकार सता रहा है, आगे मैं आपको समझाऊँगा।

किन्तु हमारे रूढ़िवादी पंडित चुप बैठेंगे क्या ? नहीं...नहीं...इस तरह गलत प्रश्न पूछ बैठेंगे तो उन्हें गुस्सा नहीं आएगा ? वे आगबबूले हो जाएँगे। कल-परसों लिखे गए शास्त्रार्थ आपको दिखाएँगे। उन विषयों के बारे में उन्हें कितना मालूम है और कितना नहीं, वे खुद जानते हैं। ज्ञान थोड़ा सा है, तो अज्ञान उसका दस गुना।

पुत्र क्या केवल माता का ही होता है, पिता का नहीं ? पंडित का कहना है कि पुत्र पिता का भी होता है। इस सत्य को कोई अस्वीकार नहीं कर सकता कि पुत्र माता व पिता, दोनों का होता है। पंडितों का कहना है कि पुत नामक एक नरक है। पुत्र पिता को इस महानरक में जाने से रोकता है। उसकी रक्षा करता है। इसीलिए उसे पुत्र कहा जाता है। और इसीलिए पिता को भी पुत्र चाहिए।

यहाँ पर एक छोटा सा विषय आपको बताना पड़ेगा। पुत्र की व्युत्पत्ति का अर्थ पंडित यही बताते हैं कि पुत नामक नरक से रक्षा करनेवाला ही पुत्र है। उन्होंने 21 नरकों के नाम गिनाए हैं, मानो उन्होंने हर नरक को स्वयं देखा हो। फिर भी इस सूची को दस बार नीचे ऊपर देखने पर भी पुत (पुन्नाम) नामक नरक तो दिखाई ही नहीं पड़ता।

ऐसा भी हो सकता है कि इन महाशास्त्रज्ञों के समय में शायद 21 नरक रहे होंगे बाद में हमारे पंडितों को 22वाँ नरक पुत के रूप में दिखाई पड़ा होगा। अगर सब पुरुष पिता (पुत्री का नहीं पुत्र का) बन जाएँगे तो इन नरक के द्वारों को बन्द कर दिया जाएगा क्या ?

इस विषय में पंडितों के पास बोलने के लिए कुछ नहीं है। असल में नरक का उद्भव कब हुआ ? शायद रूढ़िवादी पंडितों का जन्म हुआ,

तभी से मानव को नरक प्राप्त हुआ होगा। इन्हें तभी से नरक के प्रकार भी दिखने लगे होंगे। इसके पहले आदि मानव को नरक क्या होता है, इसके बारे में बिल्कुल पता नहीं था, क्योंकि तब सभी लोग भोले-भाले थे, अच्छे थे। मानव और प्रकृति का सम्बन्ध सृष्टि के प्रारम्भ से ही है। प्रकृति के नियम के अनुसार वह चलेगा तो नरक की क्या जरूरत है ?

हाँ, हमारे पंडित एक और उत्तर देते हैं। वे एक अन्य कारण बताते हैं कि पुत्राभिवृद्धि के लिए, वंशक्रम चलाने के लिए विवाह करना पड़ता है। यानी विवाह करेंगे तो बच्चे पैदा होंगे। बच्चे पैदा होंगे तो वंश चार दिन टिकेगा। इसलिए पंडितजी कहते हैं कि विवाह करना अनिवार्य है।

सचमुच यह पढ़े-लिखे लोगों की मूर्खता है। आप पूछेंगे, क्यों ? इसका उत्तर यही है कि उन दिनों में पूरी टोली एक ही वंश की होती थी। सभी लोग एक ही परिवार के थे। इस परिवार में बच्चा किसी का भी क्यों न हो, परिवार की अभिवृद्धि होती ही थी। इसके लिए किसी एक को दूसरे के साथ बाँधने की क्या जरूरत है ?

इसमें एक और रहस्य है। मैं एक सत्य आपको बताता हूँ, इस पर हँसिएगा नहीं। इसे परिहास मत समझिए। उस जमाने में किसी से पूछा जाता कि क्या सन्तान के लिए सहवास की जरूरत होती है, तो लोग हँस पड़ते थे। यह विषय उन्हें बिल्कुल मालूम नहीं था कि पुरुष-स्त्री के सहवास के बाद ही बच्चे पैदा होते हैं। उनकी दृष्टि में जोड़ी बनाना अलग था, बच्चे पैदा होना अलग। इस प्रकार के विचार रखनेवाले उस आदिमानव से पूछा जाता कि क्या आप बच्चों के लिए विवाह करते थे, तो उसे हास्यास्पद लगता ही।

आदिमानव को सन्तान के कारण का बोध नहीं था। जोड़ी किसी और वक्त बनती थी और सन्तान किसी और वक्त होती थी। दोनों के बीच समय का अन्तराल बहुत रहता था। यह मानव में ही नहीं, पशु-पक्षियों में भी पाया जाता है। इसलिए वह इस सत्य को ग्रहण नहीं कर सका कि सन्तान का कारण जोड़ी बनाना ही है। इस सत्य को

जानने के लिए काफी अक्लमन्दी और विज्ञान का ज्ञान चाहिए था। यह विज्ञान और समझ तब के मानव में नहीं थी। उसकी दृष्टि में जोड़ी बनाना और सन्तान का उत्पन्न होना, अलग-अलग कार्य थे। एक-दूसरे से उनका कोई सम्बन्ध नहीं था। जैसे खाते थे, पीते थे, उसी तरह तब के मानव जोड़ी भी बनाने थे। उससे उनकी भूख मिट जाती थी। तुरन्त वे इस कार्य को भूल जाते थे। सन्तान की उत्पत्ति के साथ इस कार्य का सम्बन्ध वे नहीं जोड़ते थे।

आज भी कई असभ्य जातियों में यह अज्ञान पाया जाता है। उनमें कोई कहेगा कि हवा के कारण बच्चे पैदा होते हैं और कोई कहेगा कि स्नान करते समय मछली काटे तो सन्तान होती है। कोई अन्य कहेगा कि किसी कच्चे फल को भूल-चूक में खाने के कारण ऐसा होता है। अन्य कुछ लोगों को यह विश्वास है कि एक प्रकार की घास खाने से सन्तान होती है।

आप हँसिए मत ! हमारे लवकुश में कुश के जन्म के बारे में विचार कीजिए। स्त्री-पुरुष सहवास के बिना ही तो कुश पैदा हुआ था। अयोनिजा के बारे में पुराणों में भी दृष्टांत मिलता है। पक्षियों से पैदा हुए बच्चे भी थे। रजस्वला हुए बिना ही लड़कियों को सन्तान हुई थी। ईसा मसीह, कर्ण आदि को उदाहरण के रूप में देख सकते हैं। ऐसे कई बालक हैं। खीर देकर सन्तान को उत्पन्न करनेवाले महाऋषि भी थे। इस सब विषयों को सभ्य मानव ने बिना विरोध किए स्वीकार किया है।

इतिहास में आम के दो टुकड़ों से पैदा हुए जरासन्ध भी मिलते हैं। सूर्य के उपासना-मन्त्र से कुन्ती ने बच्चे को जन्म दिया। ह्रीं...क्लीं ...बोलते हुए 1008 बार मन्त्र का जप करके सन्तान पाने वाली नारियाँ भी थीं। द्राक्षाराम भीमेश्वर की प्रार्थना करने से भीमकवि का जन्म हुआ। कवि की माँ शायद विधवा और पतिव्रता थी। इन सब कहानियों पर हमने विश्वास किया है और करते आ रहे हैं।

इतना ही नहीं, कान से जन्म लिए बच्चे भी थे। पानी पीने से मत्स्यवल्लभ का जन्म हुआ। क्या इन सभी पर हमने विश्वास नहीं

किया ? दरअसल, ऐसा कौन सा विषय है जिस पर हमने विश्वास न किया हो ! हमने क्यों विश्वास किया ? क्योंकि ये सब हमें असम्भव नहीं लगे। आदिमानव को यह मालूम नहीं था कि सन्तान की उत्पत्ति कैसे होती है। इसलिए सन्तान के लिए ही विवाह करने की बात कहना सरासर गलत है, एक धोखा है।

आज भी ऐसी कई जातियाँ हैं जिनमें यह कहा जाता है कि सन्तान तथा जोड़ी बनाने के बीच कोई सम्बन्ध नहीं है। यही क्यों, आज भी कितने लोगों को यह सत्य मालूम है कि पेड़-पौधों को सन्तान के लिए सृजन कार्य की जरूरत होती है ? (पाठक ध्यान रखें कि लेखक ने 1936 में ये लेख लिखे थे—अनुवादिका) कितने लोगों को यह सत्य मालूम है कि सम्पर्क से ही फल उत्पन्न होते हैं। किसी से भी पूछा जाए कि फूलों से कच्चे फल कैसे होते हैं, तो कितने लोग जवाब दे पाएँगे ? आदिमानव को यह मालूम नहीं था कि सन्तान के लिए सृजन कार्य की जरूरत है। आदिमानव प्रकृति का लाडला था। वह सन्तान के लिए कदापि विवाह नहीं करता था। अगर सभ्य मानव यह कहेगा कि आदि मानव जोड़ी बनाने के लिए ही विवाह करता था तो कौन विश्वास करेगा ?

विवाह-पूर्व स्वच्छन्दता

किसी भी विषय को पूर्णरूप से जानने के लिए गहराई में उतरना ही पड़ेगा। इसके लिए दृष्टि को पीछे पलटना चाहिए। दुरभिमान तथा पूर्वग्रहों को छोड़ना चाहिए। केवल असली सत्य को ग्रहण करना चाहिए। नई दृष्टि से देखनेवाले शोधक भी कई हैं। वे मानव के इतिहास की बुनियाद तक पहुँच गए और उन्होंने इसका आद्यन्त परीक्षण किया है। इतिहासकार इस निर्णय पर पहुँचे हैं कि आरम्भिक काल में स्त्री और पुरुष जानवरों जैसा ही बर्ताव करते थे। उनका कहना है कि इच्छा होते ही कोई भी किसी के साथ रह लेता था। रिश्ते-नाते, क्या ठीक है और क्या ठीक नहीं, आदि नियम बाद में बनाए गए। इस स्वेच्छाचारिता को काबू में कर कायदे में रखना ही विवाह है।

सभी स्त्रियाँ सभी पुरुषों के साथ जोड़ा बनाने के लिए स्वतन्त्र थीं। सभी स्त्रियाँ पत्नियाँ थीं, सब पुरुष पति थे। ऐसा कहना सचमुच सुनने में अच्छा नहीं लगता है। किन्तु हमारी भाषाओं के स्त्री-पुरुष शब्द पत्नी तथा पति के पर्यायवाची ही तो हैं। सती माने स्त्री, पत्नी,

भार्या है आलु[1] माने स्त्री है, पत्नी है। वाइफ माने स्त्री है—पत्नी। स्त्री कहते ही पत्नी का बोध होता है। इसी तरह पुरुष माने मोगवाडु[2], मोगुडु[3]। सत्य यही है कि तेलुगु में 'मोगवाडु' (पुरुष) ही 'मोगुडु' बन गया। ये शब्द और इसके अर्थ किसी एक भाषा में नहीं, लगभग सभी भाषाओं में हैं। यही नहीं, कुछ जातियों के बाप और बेटे के लिए भी एक शब्द, और माँ और बेटी के लिए भी एक ही शब्द का उपयोग किया जाता है। कुछ जातियों में सारे पुरुषों को बेटे के नाम पर और सारी स्त्रियों को बेटियों के नाम पर पुकारते हैं। पुरातन रिवाजों का प्रतिबिम्ब इन शब्दों में मिलता है।

किन्तु पंडित इस सत्य को स्वीकार नहीं करते। कई पंडित, विद्वान्, समीक्षकों आदि ने शोध किया है। किन्तु इससे लाभ क्या है ? उन्होंने दुरभिमान छोड़े बिना ही सत्य के अन्वेषण का प्रयास किया है। पूर्वग्रहों को उन्होंने त्यागा ही नहीं। पंडितों ने उस जमाने के स्त्री-पुरुषों को अपने 'शुद्ध वस्त्र' में लपेटने का प्रयत्न किया है। उन्होंने यह सिद्ध करने का प्रयत्न किया है कि उस जमाने में स्त्री-पुरुष स्वेच्छाचारी नहीं थे। इसके कारण गिनाने की कोशिश की है। इस स्वच्छन्दता पर वे परदा डालना चाहते थे। इसलिए उनका कहना है कि यह स्वच्छन्दता नहीं नियम-विहीनता थी। कुछ लोगों का कहना है कि आदिमानव कुछ नियमों का पालन करते हुए जोड़ी बनाते थे, मगर वे कभी उच्छृंखल नहीं थे।

स्वच्छन्दता कहने में उन्हें नीच भावना दिखाई पड़ी किन्तु नियम-विहीनता में नीच भावना नहीं दिखाई पड़ी। भावनाएँ समय के अनुसार बदलती रहती हैं। कुछ समय पहले तक कॉफी होटल (Coffee Hotel) जाना माने नीच काम था। किन्तु अब यह गौरव की बात बन गई है। इससे यह सत्य प्रमाणित होता है कि मान्यताएँ, भावनाएँ बदलती रहती हैं।

1. तेलुगु शब्द है—जिसका अर्थ है पत्नी।
2. तेलुगु शब्द है—जिसका अर्थ है पुंसकत्वता।
3. तेलुगु शब्द है—जिसका अर्थ है पति ।

आज भी कई जन जातियों में स्त्री-पुरुष उन्मुक्तता से घूमते हैं। इसके प्रमाण भी मिलते हैं। कुछ जातियों में विवाह के समय अगर दुल्हन बच्चों की माता होती है तो उसे और गौरव मिलता है। एस्किमो में, ग्रीक लोगों में, भारत में, अमेरिका, ऑस्ट्रेलिया, अफ्रीका आदि सभी क्षेत्रों में स्वेच्छा से घूमने की प्रथा दिखाई पड़ती है। आरम्भिक अवस्था स्वच्छन्दता से घूमने की ही रही है। बाद में विवाह करना रिवाज बन गया। नीलगिरि पर्वतों में एक रिवाज है। विवाह पक्का करने के लिए जो बड़ा आदमी (आयु में बड़ा) आता है, उसके साथ एक रात वधू को एक ही चादर में सोना पड़ता है।

ऑस्ट्रिया की एक जाति में विवाह करने से पहले लड़की को उस जाति के सभी पुरुषों के साथ बारी-बारी से जोड़ी बनानी पड़ती है। अगर इस तरह का अवसर नहीं मिलता तो सुहागरात के दिन दूल्हे के बदले में उसके किसी एक दोस्त को दुल्हन के साथ रहना पड़ता है। इसे उनकी भाषा में 'नई चीजों का खाना' कहते हैं।

अफ्रीका में एक रिवाज है। वधू भागती रहती है। चार पुरुष (दूल्हे के दोस्त) ऐसा नाटक करते हैं मानो वे उसका पीछा कर रहे हों। थोड़ी देर बाद दुल्हन मिल जाती है। बाद में वे चार दोस्त उससे जोड़ी बनाते हैं। उसके उपरान्त दूल्हे की बारी आती है। यह रिवाज कई जातियों में है।

'सुहागरात' नामक एक प्रथा भी निभाई जाती है। जाति का नायक या पुरोहित या मुखिया पहली रात दुल्हन के साथ बिताता है। इसके लिए धर्म सम्बन्धी कारण बताए जाते हैं। किन्तु उन्मुक्त जीवन का यह एक प्रमाण माना जाता है।

उस जमाने में 'कौमार्य' शब्द का कोई गौरव नहीं था। यह कन्या है, किसी का मुख तक नहीं देखा है, यह अक्षतयोनि है, ऐसा कहना आज हमारे लिए महत्त्वपूर्ण और बड़प्पन की बात हो सकती है, किन्तु उन दिनों में इसका लेशमात्र भी महत्त्व नहीं था। इस तरह कौमार्य को बचाकर रखनेवाली स्त्री को देखकर सभी मुख मोड़ लेते थे। ऐसी स्त्री के लिए पति मिलना बहुत कठिन होता था। कोई भी पुरुष ऐसी स्त्री

से विवाह करने के लिए तैयार नहीं होता था। ऐसी स्त्री को इस दृष्टि से देखा जाता था मानो वह किसी काम की नहीं है।

इसका अर्थ यही है कि जोड़ी बनाना नित्य जीवन का एक हिस्सा है। इस काम में कोई रुकावट नहीं है। सृजन कार्य करने में प्रकृति हमेशा सतर्क रहती है। कामकाज के लिए किसी की जरूरत होती है। वंश की अभिवृद्धि करने के लिए पुत्रों का देने के लिए किसी एक स्त्री की जरूरत होती है, इसीलिए विवाह किया जाता था। जब इसी उद्देश्य से लग्न किया जाता है तब स्त्री एक ही पुरुष के साथ रहती है, स्वेच्छा से फिरने के लिए उसे समय भी कहाँ मिलता है। वह बाहर फिरेगी तो घर का काम कौन करेगा। इसलिए विवाह के बाद कुछ नियम बनाए गए हैं।

फिर भी यह कहा नहीं जा सकता है कि अतीत में ब्याहता कभी पराए पुरुष से सम्बन्ध नहीं रखती थी। कभी-कभी कुछ सन्दर्भों में पति अपनी पत्नियों की अदला-बदली भी करते थे। अतिथि-सत्कार में और त्योहारों के अवसर पर दूसरों के साथ स्वच्छन्दता से रहने के लिए ऐसे कई मौके मिल जाते थे। पति घर पर नहीं रहता है तो अतिथि-सत्कार करना (अतिथि के साथ सोना भी) पत्नी का कर्त्तव्य है। कुछ देशों में ऐसा एक रिवाज पाया जाता है अगर कोई दम्पति अतिथि के रूप में आएगा तो ये मेहमान दम्पति और मेजमान दम्पति अपनी जोड़ियाँ बदल लिया करते थे। मेहमान पुरुष घर की मालकिन के साथ और मेहमान स्त्री के साथ घर का मालिक रात बिताया करते थे।

कुछ जातियों में लड़कियाँ एक टोली बनाकर दूसरे गाँव घूमने जाती हैं। जाति की सम्मति से ही वे ऐसा करती हैं। इसे 'करऔसी' कहते हैं। वे जिस गाँव जाती हैं वहाँ के पुरुषों से मिलती हैं। स्वयंवर जैसा कार्यक्रम होता है। लड़कियाँ उस रात में वहाँ रहकर दूसरे दिन अपने गाँव वापस आती हैं।

पुरुष पशुओं को चराने के लिए जंगल जाते हैं। लड़कियाँ उन्हें खाना देने के लिए और दूध घर लाने के लिए वहाँ जाती हैं। वहाँ स्त्री-पुरुष स्वेच्छा से घूमते हैं और जोड़ी बनाते हैं।

आज भी कई देशों में विवाह-पूर्व स्वच्छन्दता से घूमने का रिवाज दिखाई पड़ता है। माँ-बाप को तथा विवाह के बाद पति को यह वास्तविकता मालूम होने के बाद भी वे विवाह-पूर्व लड़कियों की स्वेच्छाचारिता को अनैतिक नहीं समझते। विवाह-पूर्व स्वेच्छाचारिता के विषय में किसी को कोई आपत्ति नहीं रही है।

एक जाति में यह रिवाज है कि विवाह होने के बाद दुल्हन को उन सभी पुरुषों का नाम अपने पति को बताना होता था जिनके साथ वह विवाह से पूर्व घूमती थी। तब दूल्हा हर एक पुरुष के पास जाता और या तो एक-एक भेड़ या एक-एक बकरी हर एक के पास से लेकर आता है। इसके पीछे यह विचार दिखाई पड़ता है कि वधू के पूर्व-प्रेमी उसे विवाह करने के लिए सम्मति दे रहे हैं। हमारे पंडित वर्ग ने यह सिद्ध करने के लिए कई प्रयत्न किए हैं कि स्त्री-पुरुष को कभी यौन-स्वतन्त्रता हासिल नहीं थी। किन्तु ये सब प्रयत्न व्यर्थ रहे हैं।

यौन-स्वतन्त्रता की भावना विवाह सम्बन्धी रीति-रिवाजों में पूजापाठ में कुछ त्योहारों आदि में दिखाई पड़ती है। जोड़ी बनाना अति सहज रूप में नित्य होनेवाला एक साधारण कार्य था। इसलिए यौन अत्याचार नहीं होते थे। जो चीज सहज मिल जाती है, उनके लिए तड़पने की आवश्यकता नहीं होती। केवल यौनतृप्ति के लिए कोई विवाह नहीं करते थे। कामकाज में हाथ बँटाने के लिए होते थे। यह भी शाश्वत बन्धन नहीं था। एक-दो बच्चे होने के बाद ही यह विवाह पक्का होता था।

ईगवालनि रोट्टे[1]

मैं पिछले पृष्ठों में कह चुका हूँ कि आदिमानव के काल में यौन स्वतन्त्रता थी। आदिमानव तथा आधुनिक मानव के बीच का जो समय है उसमें काफी परिवर्तन आया। मानव के विचार बदल गए, भावनाएँ बदल गईं। समाज जब मातृप्रधान समाज से पितृप्रधान समाज में परिवर्तित हुआ तब से समाज में कई नियम बने, नैतिक मूल्य बदल गए। पुरुषों ने अपने स्वार्थ के लिए स्त्रियों पर कई बन्धन डाल दिए।

उस जमाने में कौमार्य का कोई महत्त्व नहीं था। तब के मानव को कौमार्य के बारे में बताकर अगर कहा जाता कि अक्षतयोनि से विवाह करना बहुत ही अच्छा है। वह क्या कहता, आप जानते हैं ?

1. यह एक तेलुगु मुहावरा है। इसका अर्थ होता है देसी रोटी जिस पर मक्खी तक नहीं बैठी है। पूर्वजों का विश्वास था कि जिस रोटी पर मक्खी नहीं बैठती हो, वह रोटी खाने योग्य नहीं रह जाती। उनकी दृष्टि में इसी तरह जिस स्त्री का कौमार्य नष्ट नहीं हुआ हो वह विवाह के लिए अयोग्य है।

वह यही कहता कि–"यह कैसी रोटी है जिस पर एक भी मक्खी नहीं बैठी। यह भी क्या रोटी है ? छिः छिः। वे कहेंगे, अगर रोटी अच्छी हो तो मक्खियाँ तो बैठनी चाहिए। मक्खियाँ नहीं बैठीं तो वह अच्छी रोटी नहीं है, स्वादिष्ट रोटी नहीं है। क्या हम कह सकते हैं कि यह तर्क ठीक नहीं है ? फिर भी कुछ पंडित कहते हैं कि यह तर्क ठीक नहीं है। उन दिनों में ऐसा कोई भी व्यक्ति नहीं था जो इस तर्क को ठीक न समझता हो। आज पुरुषों की स्वच्छन्दता का समर्थन करते हुए आधुनिक मानव कहता है कि–

कितने फूलों पर नहीं मँडराता है भँवर !
फिर भी क्या दोष उसे लगता है ?

इसी तरह उन दिनों में भी अगर कोई कवि महाशय कहता था तो यही कहता था कि–

मक्खी एक भी नहीं बैठती छिः छिः
छिः वह भी क्या रोटी है छिः छिः

अगर कोई भी व्यक्ति अक्षतयोनि को चाहता था तो समाज उस पुरुष को नीच दृष्टि से देखता था। यह सत्य स्पष्ट है कि जोड़ी बनाने के उद्‌देश्य से या नथनी उतारने (कौमार्य को भंग करना) के उद्‌देश्य से कोई भी विवाह नहीं करता था। विवाह में उपयोगिता की दृष्टि तथा व्यापार की दृष्टि दिखाई पड़ती है। केवल उपयोग की दृष्टि से कामकाज में हाथ बँटाने के लिए पुरुष स्त्री को अपने घर लाता था। जहाँ स्त्री-प्रधान समाज होता है वहाँ स्त्री पुरुष को अपने कामकाज में सहायता के लिए लाती है। विवाह के सन्दर्भ में यही देखा जाता था कि स्त्री हो या पुरुष, कामकाज करने की उसमें शक्ति है या नहीं ? वह योग्य है या नहीं ? विवाह संस्कार में काम या प्रेम नहीं, केवल उपयोग की दृष्टि है। जिस तरह लिखने के लिए कलम लाई जाती है, जोतने के लिए बैल लाया जाता है, उसी तरह कामकाज में हाथ बँटाने के लिए आदमी को लाया जाता है। विवाह का अर्थ यही है। उपयोग की दृष्टि से दुल्हन चुनी जाती है। उनकी दृष्टि में बच्चों की माँ अधिक उपयोग में आती है। काम करने की शक्ति, सहनशीलता, शारीरिक बल आदि

देखे जाते हैं, उन दिनों में स्त्री के लिए यही परीक्षा थी। उन दिनों में ये ही लक्षण (शारीरिक बल, कामकाज करने की शक्ति, परिश्रमी) स्त्री-सौन्दर्य माने जाते थे न कि शारीरिक आकर्षण अथवा रूप-रंग। जिसमें शारीरिक बल हो, सहनशीलता हो, वही सुन्दरी मानी जाती थी। ये गुण देखने के बाद ही रूप-रंग देखे जाते थे। किन्तु मुख्य परीक्षा रूप-रंग की नहीं थी।

हमारे कवियों ने, कला के उपासकों ने स्त्री-सौन्दर्य के बारे में क्या-क्या नहीं कहा—उनके सौन्दर्य के मापदंड अलग थे। वे सुन्दर आँखें, मुख, भृकुटि, कटि, बाल, वक्ष आदि का अधिक वर्णन करते थे। आज भी करते हैं। अगर ये लक्षण स्त्री में हों तो उसे सुन्दरी मान लिया जाता है। किन्तु पुराने जमाने में इस प्रकार की दृष्टि नहीं थी। हम आज जिसे सौन्दर्य कहते हैं, उनको वही सौन्दर्य कुरूप लगता था। उस जमाने की बात ही क्यों, आज भी कई देशवासियों के विचारों तथा हमारे विचारों में बहुत अन्तर है। मुखड़ा गोरा है तो हम कहेंगे चाँद के जैसा सुन्दर है किन्तु किसी के लिए अंडाकार मुख में ही सौन्दर्य दिखाई पड़ता है। हम काले बालों को तरसते हैं किन्तु कुछ लोग काले बालों को बिल्कुल महत्त्व नहीं देते।

जब इन दिनों में ही विचारों में इतने अन्तर हैं तब उन दिनों अन्तर रहने में कोई आश्चर्य की बात नहीं है। सच देखा जाए तो सन्देह होता है कि शरीर का भी कोई सौन्दर्य होता है। कुछ यात्रियों ने असभ्य जातियों से कई बार सौन्दर्य के बारे में पूछा। किन्तु कोई उत्तर नहीं पा सके। सौन्दर्य के प्रति उनके विचार ही अलग थे। कई देशों की भाषाओं में सौन्दर्य नामक अर्थ देनेवाले शब्द ही नहीं हैं। अगर हम यह मान भी लेते हैं कि सौन्दर्य नामक कोई चीज होती है, तब भी विवाह के लिए यह प्रधान विषय नहीं रहा। उपयोग ही प्रधान लक्षण रहा। इसी आधार पर वर-वधू चुने जाते हैं। अगर हमें एक फाउंटेन पेन की जरूरत पड़े तो हम क्या करेंगे ? हम ऐसी ही कलम को चुन लेते हैं, जो उतने पैसों में आती हो जितने हम दे सकते हैं, अधिक समय तक टिकती हो और हमारी इच्छा के अनुसार बारीक या मोटा लिखती हो।

अगर तीन-चार कलमें ऐसी हों जिनमें ये सब लक्षण पाए जाते हैं तब उन तीन-चार कलमों में से अधिक समय तक टिक सकनेवाली अच्छी कलम ही हम चुन लेते हैं। मगर केवल आँखों के लिए अच्छी लग रही है, या सुन्दर है, इसे दृष्टि में रखकर चार दिनों में खराब होनेवाली कलम को हम नहीं खरीदते। जो ज्यादा टिकती नहीं हो, अच्छी तरह से लिखती नहीं हो उसे हम कदापि नहीं खरीदते। इस चुनाव के पीछे उपयोग की दृष्टि निहित है। पहले केवल उपयोग ही देखा जाता है, बाद में सौन्दर्य। विवाह के लिए भी यही मापदंड है।

शहबाला

पुराने जमाने में कामवासना को तृप्त करने के लिए रिश्ते-नाते नहीं देखे जाते थे। केवल स्त्री-पुरुष होना पर्याप्त था। इतिहास के पन्नों को पलटें तो ऐसे कई उदाहरण मिलेंगे जिन्हें पढ़ने के बाद हम आश्चर्यचकित हो जाएँगे। माँ बेटे से विवाह करती थी। पिता भी पुत्री से विवाह करता था। ब्रह्मा के विषय में यही तो हुआ। ब्रह्मा ने अपनी बेटी से विवाह किया था। मिस्र में माँ-बेटे का विवाह एक शास्त्रसम्मत रिवाज था। उनके सभी प्राचीन ग्रन्थों में इस विषय में लिखा गया है। छिः, कितनी लज्जाजनक बात है, कहकर आप कान बन्द कर रहे होंगे।

एक ही माँ की सन्तान जोड़ी बनाने का रिवाज तो हाल तक प्रचलन में था। भाई-भाई की सन्तानों में जोड़ी बनाने की प्रथा आज भी है। डेरयस हिस्टास्पस ने अपनी बहन से विवाह किया था। सिंहल के आविष्कर्ता ने अपनी बहन से विवाह किया था। यहाँ तक कि आदम और हव्वा भी आपस में भाई-बहन थे। सृष्टि में ऐसा होता आ रहा है। कुछ ग्रन्थों के आधार पर यह तक सिद्ध करने की कोशिश की गई

है कि सीता राम की बहन थी। धीरे-धीरे रिश्ते बदल गए, विचार बदल गए। आज ऐसा करना गलत है, निषिद्ध है।

माँ-बच्चों का विवाह कुछ समय के बाद अच्छा नहीं लगा। इसलिए इस तरह के सम्बन्ध का निषेध कर दिया गया। इसे इनसेस्ट कहा जाने लगा और इसके लिए कठिन दंड दिया जाता था। किन्तु यह निषेध आरम्भिक काल में नहीं था। 'सब सबकेलिफ' वाले सूत्र को थोड़ा-बहुत बदल दिया गया। इस तरह के सम्बन्ध को छोड़कर (माँ बच्चों का रिश्ता) कोई भी पुरुष किसी भी स्त्री के साथ जोड़ी बना सकता था। स्त्री अपनी इच्छा के अनुसार किसी के भी साथ रह सकती थी। स्त्री अगर विवाह कर लेती तो बाकी पुरुष अपना हक खो बैठते। अगर बाकी पुरुष अपने हक खोने के लिए राजी हों तो कोई बात नहीं, किन्तु राजी न हों तो झगड़े होना अनिवार्य हो जाता था। इसलिए विवाह के समय रिश्तेदारों-नातेदारों को प्रीतिभोज देकर उन्हें खुश करना पड़ता था। विवाहों में परिचित व्यक्तियों को खिलाना-पिलाना आदि इसी उद्‌देश्य से किया जाता था। यानी विवाह-भोज के पीछे यही कारण दिखाई पड़ता है कि दुल्हन (दुल्हन के घरवाले) अपने विवाह के लिए अन्य पुरुषों से अनुमति माँग रही है। कालान्तर में यह एक अनिवार्य कार्य बन गया। यह करना जरूरी है। यह कार्यक्रम ही सबकी सम्मति को सूचित करता है। नहीं तो विवाह विवाह ही नहीं माना जाता।

हक और सम्मति को अलग-अलग जातियाँ अलग-अलग रूप में व्यक्त करती थीं। कुछ ज़ातियों में विवाह के दिन वधू पति के साथ नहीं सोती थी। समाज के किसी अन्य पुरुष से या चार-पाँच पुरुषों के साथ उसे रहना पड़ता था। बाद में ही वह पति के पास आ सकती थी। यही समाज और दुल्हन के लिए विदाई की निद्रा होती थी। आज भी पाश्चात्य देशों में विवाह के समय बेस्टमैन (Best Man) नामक एक पुरुष द्वारा दुल्हन को दूल्हे के हाथों में सौंपने की प्रथा पाई जाती है। बेस्टमैन का अर्थ होता है उत्तम पुरुष। अगर यही पुरुष उत्तम पुरुष है तो दुल्हन उससे विवाह क्यों करती है ? जो उत्तम नहीं है उससे शादी

क्यों नहीं करती ? इसलिए बेस्टमैन का अर्थ उत्तम पुरुष नहीं हो सकता। वह समाज के सारे पुरुषों का प्रतिनिधि होता है। आज हम सभ्य बन गए इसलिए आधुनिक युग में बेस्टमैन दुल्हन को सौंपने में ही तृप्ति पा रहा है। प्राचीन युग में बेस्टमैन इस तरह सन्तुष्ट नहीं होता था। 'विदाई की नींद' नाम से दुल्हन के साथ एक रात बिताता था। अगर ऐसा नहीं होता है तो समझो विवाह रुक गया। अब 'विदाई की नींद' का कार्यक्रम नहीं है, किन्तु यह दिखावटी रिवाज रह गया।

इस प्रथा के लक्षण आज हमारे देश में भी दिखाई पड़ते हैं। आजकल के विवाहों में बिठाया जानेवाला 'शहबाला' इसी रिवाज का अवशेष है। आज भी यह रिवाज कई देशों में निभाया जाता है। तमिल में इसे 'मापिळेतोलन' व 'तोलिमापिले' कहते हैं। तेलुगु में 'तोडिपेल्लिकोडुकु' कहते हैं। सभी विवाहों में यह व्यक्ति मुख्य होता है। उसको असली दूल्हे से दस गुना अधिक प्रमुखता देनी ही पड़ती है। उसके बिना विवाह नहीं होता है। कहीं-कहीं यह शहबाला असली दूल्हा का स्थान ले लेता है। शहबाला को ही भोजन की कतार में सबसे पहले बिठाया जाता है। असली दूल्हे को जो भी भेंट देना चाहते हैं। पहले इस शहबाला को देनी पड़ती है। कपड़े, भेंट की चीजें आदि सब कुछ इसे ही देना पड़ता है। आजकल जो रिवाज चल रहा है वह पहले भी था। उन दिनों में असली नियमों के अनुसार विवाह की पहली रात शहबाला ही दुल्हन के साथ सो जाता था। एक बार यह कार्यक्रम हो जाता तो बाद में शहबाला की अहमियत कुछ भी नहीं रहती। यह रस्म होने के बाद असली दूल्हे को ही अधिकार मिल जाता था।

दिन बदल गए। समाज के विचारों में बदलाव आया। विवाह की रात पराए पुरुष के साथ सोने की प्रथा धीरे-धीरे समाज ने छोड़ दी। फिर भी 'शहबाला' की प्रथा के रूप में उन दिनों के विचारों को जिन्दा रखा गया। शहबाला धीरे-धीरे एक विदूषक बन गया। आजकल युवक को शहबाला नहीं बनाया जाता। छोटे से लड़के को बनाते हैं। विचारों में बदलाव आने के कारण अब दुल्हन पराए पुरुष के पास जाना नहीं चाहती। आज यह नियम है कि स्त्री केवल अपने पति के साथ ही सो

सकती है। इसलिए किसी बड़े लड़के को शहबाला बनाने के बदले में छोटे लड़के को बनाने की प्रथा आई। अपने से छोटे लड़के के साथ कोई भी दुल्हन सोना नहीं चाहती। आज भी विवाह में शहबाला बनाने की प्रथा है। शहबाला छोटा लड़का हो तो भी नियम के अनुसार दूल्हे की जाति का ही होना चाहिए। दूल्हे के यहाँ का होना चाहिए। दुल्हन का रिश्ते में भाई नहीं लगना चाहिए। यानी यह पति के स्थान पर उपयुक्त होना चाहिए। पुरानी प्रथा के अनुसार कभी मौका पड़े तो शहबाला दुल्हन से विवाह करने लायक होना चाहिए।

मूल कारण न मालूम होने पर भी विवाह के सब रीति-रिवाज हम निभा रहे हैं। यह शहबाला क्या है ? क्यों बिठाया जाता है ? इन सबके बारे में क्या किसी ने सोचा है ? शहबाला प्रथा में उस जमाने के समाज का प्रतिबिम्ब दिखाई पड़ता है। तब यौन स्वतन्त्रता थी। तब एक स्त्री को एक ही पुरुष और एक पुरुष को एक ही स्त्रीवाला नियम नहीं था। स्त्री-पुरुष सारे समाज के थे।

मेनरिकालु[1]–हास-परिहास

स्वच्छन्दता से जोड़ी बनाने की पद्धति धीरे-धीरे लुप्त हो गई। कुछ नियमों की चौखटों में स्त्री-पुरुषों को रहना पड़ा। अब स्त्री किस व्यक्ति से जोड़ी बना सकती है, किस व्यक्ति से नहीं बना सकती, इस बारे में नियम लागू होने लगे। हालाँकि माँ-बेटी के साथ पुरुष द्वारा जोड़ी बनाने की पद्धति में पूर्ण रूप से बदलाव नहीं आया। यानी इस रिश्ते पर सख्त निषेध नहीं लगाया गया। बड़े-बड़े राजा-महाराजाओं के वंशों में यह रिश्ता चलता था क्योंकि रक्त एक ही होना महत्त्वपूर्ण माना जाता था। यह वंश की मर्यादा मानी जाती थी। कुछ समय बीतने के बाद यह नियम बना कि सब भाई-बहनों का रिश्ता चलता है, लेकिन एक ही माँ की सन्तानें आपस में विवाह नहीं कर सकतीं।

---

1. यह तेलुगु शब्द है। आन्ध्र में मामा के साथ भानजी का विवाह करने का रिवाज है। भाई अपनी लड़की का विवाह अपनी बहन के लड़के के साथ करता है। इन रिश्तों को मेनरिकालु कहते हैं। ये रिश्ते महत्त्वपूर्ण माने जाते हैं।

समाज के विचार और बदलते गए। धीरे-धीरे और कुछ निषेध लागू हो गए। एक नया विचार पैदा हुआ कि जोड़ी बनाने के लिए रक्त सम्बन्ध का होना अच्छा नहीं है। एक ही टोली में रहनेवाली स्त्री, पुरुषों के एक दूसरे से विवाह न करने का नियम लागू हो गया। जोड़ी बनाने के लिए दूसरी टोली के स्त्री-पुरुषों के पास जाना पड़ता। इसे 'एक्सागमी' कहते हैं। कुछ अन्य देशों में नियम इसके उलट हैं। उनके नियम के अनुसार एक टोलीवालों को आपस में एक-दूसरे से ही जोड़ी बनानी चाहिए। इसे 'एंडोगमी' कहते हैं। कुछ नियमों के कारण ऐसा भी होता था कि एक टोली के पुरुषों को दूसरी टोली की स्त्रियों को जबर्दस्ती लाना पड़ता था। कई विवाह ऐसे भी होते थे। किन्तु इनमें खतरा अधिक था। नित्य प्रति जीवन में यह खतरा उठाना कष्टदायक होता था।

एक ही जाति में अलग-अलग टोलियाँ भी रहती हैं। पहाड़ पर एक टोली, नीचे एक टोली और दूसरी तरफ अन्य टोली रह सकती है। इस प्रकार एक ही जाति की अलग-अलग टोलियों के स्त्री-पुरुष आपस में विवाह कर सकते हैं। इस तरह जोड़ी बनाने को पद्धति के अनुसार देखा जाएगा तो यह 'एक्सागमी' है। जाति की दृष्टि से देखा जाए तो 'एंडोगमी' है।

अपनी गोत्र-पद्धति इसी प्रकार की है। एक ही गोत्रवाले आपस में विवाह नहीं कर सकते। दूसरे गोत्रवालों से ही विवाह करना पड़ता है। यही एक्सागमी है। यह बाहर का सम्बन्ध है। किन्तु ये सब रिश्ते एक ही जाति में होने के कारण यही एंडोगमी है। यह आन्तरिक सम्बन्ध है।

बाहर हो या अन्दर का, जोड़ी बनाने का हक सबको रहता है। एक घर में कोई एक पुरुष विवाह करेगा तो उस घर के सभी सदस्य उस दुल्हन से जोड़ी बना सकते हैं। स्त्री किसी एक की पत्नी हो गई तो उस घर में जितने भाई रहते हैं, उन सबकी बन जाती है। एक स्त्री किसी पुरुष से विवाह करती है तो उसकी बहनें भी उस पुरुष के साथ जोड़ी बना सकती हैं। स्त्री जब किसी की पत्नी बनती है तो वह केवल

उसकी ही पत्नी नहीं, घर के सभी सदस्यों की पत्नी बन जाती है। सारे घर की बहू बन जाती है। महाभारत में पांडवों ने जो विवाह किया इसी पद्धति का था। द्रौपदी घर के सारे सदस्यों की पत्नी थी। नायर जाति में इस प्रकार की पद्धति है। तिब्बत में भी यही रिवाज है। नीलगिरि की तोड़ा जाति में भी यह प्रथा पाई जाती है।

रामायण में राम के माया हिरण को पकड़ने के लिए जाने के बाद सीता को चीख सुनाई पड़ती है। उसे ऐसा लगता है कि किसी ने 'हा ! लक्ष्मण' कहते हुए चीखा। तब सीता लक्ष्मण को वहाँ जाने के लिए कहती है। राम को दिया गया वादा निभाने के लिए लक्ष्मण वहाँ से हिलता नहीं। तब सीता निष्ठुर होकर कहती है कि–'तुम्हारे भाई के जाने के बाद मुझे पाने की इच्छा से तुम यहाँ से नहीं जा रहे हो।' सीता देवी अज्ञानी नहीं थी। इतनी नीच बात वह कह ही नहीं सकती थी। ये शब्द भी वाल्मीकि जैसे महान व्यक्ति ने लिखे–क्यों ? तब के रिवाज के अनुसार बड़े भाई की पत्नी से छोटा भाई विवाह कर सकता था। करना ही पड़ता है। बालि-सुग्रीव के विषय में भी यही हुआ। तारा दोनों की पत्नी थी। ऐसे कई बृहस्पति हैं जिन्होंने अपने बड़े भाई की पत्नी से विवाह किया है।

हमारे ग्रन्थों में ऐसी भी कई कहानियाँ मिलती हैं जिनमें यह दिखाया गया है कि कई राजा-महाराजाओं ने अपनी बेटियों (एक-दो नहीं सौ तक) का विवाह एक ऋषि से करवाया था। सभी बेटियों का बारी-बारी में अलग-अलग विवाह नहीं कराया जाता था। केवल बड़ी बेटी का विवाह कराना काफी होता था। ऐसा मान लिया जाता था कि बाकी सब बेटियों का विवाह हो गया। इससे फायदा यही है कि सभी बेटियों के विवाह के लिए दौड़-धूप करने की कोई जरूरत नहीं रहती है।

जेठ-भाभी या देवर-भाभी, जीजा-साली, भाई बहन की लड़की, लड़के आदि रिश्ते महत्त्वपूर्ण माने जाते हैं। यह प्रथा आज भी दिखाई पड़ती है। इसी तरह मामा-भानजी का रिश्ता भी एक महत्त्वपूर्ण रिश्ता है। इसे मेहन जोड़ी कहा जाता है। मेहन शब्द का अर्थ ही जोड़ी बनाना

है। मामा-भानजी भी जीजा-साली की तरह हास-परिहास करते हैं। यह हास-परिहास कुछ हद तक अश्लील होते हैं। लड़के द्वारा अपने मामा की लड़की से विवाह करने की प्रथा आज भी है। एक बार एक लड़का अपने मामा के यहाँ आया। उस घर में मामा की लड़की भी थी। स्नान करने के बाद लड़के ने अपनी धोती को आँगन में सुखाने के लिए फैलाकर बाँधा। मामा की लड़की ने भी अपनी साड़ी को सुखाने के लिए बाँधा। भोजन का कार्यक्रम सम्पन्न हुआ। पान का बीड़ा भी लिया गया। इसी बीच बारिश की छींटें आने लगीं तुरन्त मामा की लड़की यह कहती हुई भागी कि 'हाय मेरी साड़ी भीग जाएगी।' तब उस व्यक्ति ने कहा कि–'ऐ सालीजी तुम्हारी साड़ी उतारते समय मेरी भी धोती उतार लेना–' लड़की ने अपनी बुआ के लड़के द्वारा कहे गए इन शब्दों के गूढ़ार्थ को समझ लिया। तुरन्त हँसते हुए कहती हुई भाग गई कि–'मेरी साड़ी उतारने तक तुम्हारी धोती भीगे बिना रह जाएगी क्या ?'

ये शब्द सुनने के बाद माँ-बाप, रिश्तेदार आनन्द से झूम उठे। इनका हास-परिहास देखकर वे बहुत ही खुश हो गए। किसी ने लड़के-लड़की की तरफ गुस्से से नहीं देखा। इतनी अश्लीलता से बात करने पर भी आगबबूला नहीं हुए। इसीलिए कि यह एक महत्त्वपूर्ण रिश्ता है।

अक्क मगडे अन्दरिकी मगडु[1]

तेलुगु का मुहावरा 'अक्क मगडे अन्दरिकी मगडु' में एक सामाजिक रिवाज का प्रतिबिम्ब दिखाई पड़ता है। अक्का का अर्थ है बहन। मगडु का अर्थ है पति। अन्दरिकी का अर्थ सबका। साली-जीजा का रिश्ता एक महत्त्वपूर्ण और मिठास से भरा हुआ रिश्ता होता है। पूरे देश में इस रिश्ते को महत्त्वपूर्ण माना जाता है। इसी सन्दर्भ में उस जमाने में एक मुहावरा बन गया कि बहन का पति सबका पति होता है।

पुरुष ने किसी परिवार में बड़ी बेटी से विवाह कर लिया तो उसकी छोटी बहनें भी उसकी पत्नियाँ बन जाती हैं। सालियों से जीजा को अलग से विवाह करने की कोई जरूरत नहीं होती। स्वेच्छा से जीजा अपनी सालियों के साथ घूम सकता था। इसी तरह किसी स्त्री का एक परिवार के बड़े भाई से विवाह करना पर्याप्त था। अलग से उसके छोटे

1. यह तेलुगु मुहावरा है। इसका अर्थ यह है कि बड़ी बहन का पति (जीजा) सब (सालियों) का पति है।

भाइयों से विवाह करने की जरूरत नहीं रहती। उनके साथ यह स्त्री जोड़ी बना सकती थी। भाइयों में कोई भी विवाह करके दूसरी स्त्री को लाता तो वह स्त्री सब भाइयों की पत्नी बन जाती थी।

यानी इसका अर्थ यही है कि एक स्त्री विवाह करके पति के घर आ गई तो वह स्त्री केवल उसकी (पति की) बहू (आरम्भ में बहू को पत्नी के अर्थ में लिया जाता था) ही नहीं, पूरे घर की बहू बन जाती थी। सभी भाइयों के लिए वह बहू थी। बहू शब्द का उपयोग आज हमारे समाज में बेटे की पत्नी के लिए ही किया जाता है। किन्तु कुछ जातियों में, आन्ध्र के कुछ लोगों में अब भी पत्नी को बहू और पति को मामा कहा जाता है। आज भी यह रिवाज दिखाई पड़ता है।

तेलुगु शब्द कोडलु (बहू) के कई रूपान्तर हैं। 'कोडाल' भी बोला जाता है, कूडाल भी बोला जाता है। कूडाले धीरे-धीरे कोडलु और कोडलि के रूप में परिवर्तित हो गया। कूडा[1] रहनेवाली आलि[2] बेटे की ही पत्नी होनी चाहिए। नहीं तो कूडालु रूप आता ही नहीं था। कुछ लोग कूडल शब्द से इस बहू का सम्बन्ध मिलाते हैं। बहू सारी टोली की हो जाती थी। यही विचार पहले सबके मन में था। इसलिए उसे आइंटिकोडलु[3] (आन्ध्र में हीं नहीं अन्य प्रदेशों में भी 'उस घर की बहू' कहने की प्रथा पाई जाती है) कहा जाता है। कोई भी स्त्री बहू (बेटे की पत्नी) बन जाती तो एक व्यक्ति की या तीन-चार व्यक्तियों की बहू तो बन सकती है, किन्तु पूरे घर की बहू कैसे बन सकती है ? इसलिए इस सत्य को स्वीकार करना पड़ेगा कि इसके पीछे हमारा पुराना रिवाज प्रभावी है।

यह प्रथा (बहू सारी टोली की होती है) कई देशों में थी। सभ्य मानव ने धीरे-धीरे इस रिवाज को छोड़ने का प्रयत्न किया। उगांडा में आज भी एक रिवाज है। कोई भी व्यक्ति किसी परिवार की बेटियों में

1. यह तेलुगु शब्द है, इसका अर्थ होता है, साथ में।
2. यह तेलुगु शब्द है, इसका अर्थ होता है, पत्नी।
3. यह तेलुगु शब्द है, इसका अर्थ होता है, उस घर की बहू।

बड़ी बहन से विवाह करता है तो उस व्यक्ति को हर साली के विवाह में यह कहना होता है कि 'मैं तुमसे विवाह नहीं करूँगा।' यह सार्वजनिक असम्मति व्यक्त करने के बाद ही साली की शादी हो सकती है, नहीं तो उसका विवाह नहीं होता। समाज के सामने जीजा को यह सब कहना पड़ता है।

आस्ट्रेलिया में कुछ जगहों पर आज भी यह रिवाज है कि यदि किसी व्यक्ति का विवाह होने के बाद उसकी पत्नी मर जाती है तो उस व्यक्ति को साली से विवाह करना पड़ता है। अगर वह साली से विवाह नहीं करना चाहता है तो सही कारण समाज को बताना पड़ता है और उसका दंड भी भरना पड़ता है।

इंग्लैंड में भी यही प्रथा दिखाई पड़ती है किन्तु वहाँ पर कुछ परिवर्तन आए हैं। बहुपत्नियों का रिवाज धीरे-धीरे लुप्त होने लगा है। वहाँ पर एक कानून भी बनाया गया है कि अगर पत्नी जिन्दा है तो पुरुष को दूसरी स्त्री से विवाह नहीं करना चाहिए। पहले अगर पत्नी मर जाए तो साली से विवाह करने का रिवाज था। यह भी सभ्य मानव को अच्छा नहीं लगा। धीरे-धीरे साली से विवाह करना भी मना कर दिया गया। वैसे जीजा-साली में विवाह करने की प्रथा के कुछ उपयोग हैं। अगर पहली पत्नी को बच्चे हों तो सौतेली माँ बच्चों को बहुत सताएगी। किन्तु साली से विवाह करने से ऐसा नहीं होता।

भारत में तथा हीब्रू लोगों में एक प्रथा प्रचलित थी। कोई सन्तान हुए बिना भाई की मौत हो जाए तो छोटा भाई उसकी पत्नी से जोड़ी बनाकर भाई को सन्तान देगा। अगर ऐसा नहीं हुआ तो भाई को परलोक में बाधा पहुँचेगी। 'ओल्ड टेस्टामेंट' में इस रिवाज के बारे में बताया गया है। यही रिवाज भारत में भी था। कालान्तर में इस रिवाज को स्वीकार करने के बाद भी भाई की पत्नी से विवाह करना निषिद्ध कर दिया गया। भाभी को देवर माँ मान सकता है, किन्तु उससे विवाह नहीं कर सकता। सचमुच कितनी अनोखी बात है। धीरे-धीरे बड़े भाई की पत्नी से विवाह न करना एक रिवाज बन गया। कुछ लोगों को भाभी-देवर के विवाह करने की प्रथा अच्छी लगी तो कुछ लोगों को यह

पसन्द नहीं आया। जो इस सम्बन्ध को नहीं चाहते थे उन्होंने इसके विरुद्ध आन्दोलन चलाया। गिरिजाघरों के फादर, पुरोहित आदि ने बिल्कुल सम्मति नहीं दी। इसी तरह साली-जीजा के बीच विवाह की प्रथा भी धीरे-धीरे लुप्त होने लगी। अगर साली जीजा से विवाह करती है तो उसके बच्चे सम्पत्ति के हक से वंचित हो जाते हैं। एक बार कामंस सभा ने इस प्रकार के विवाहों के प्रति सम्मति दी थी। किन्तु दूसरी सभा, जिसे 'हाउस ऑफ लार्ड्स' कहा जाता है, के सदस्यों ने असम्मति प्रकट की। सन् 1907 में यह कानून बनाया गया कि साली से विवाह करने के बाद पैदा हुए बच्चों को भी सम्पत्ति में हक मिलेगा। जो शाखा भाभी से देवर के विवाह में कोई आपत्ति नहीं उठाती थी उस शाखा ने इस विषय में आन्दोलन चलाया। पुरोहित वर्ग ने भी अपनी असम्मति प्रकट की। सन् 1920 में सभ्य देश इंग्लैंड में भी अनोखी प्रथा देखने को मिलती थी। पुरुष के लिए पत्नी के मरने के बाद साली से विवाह करना अनिवार्य था लेकिन पति के मरने के बाद स्त्री अपने देवर से विवाह नहीं कर सकती थी।

हम्मुरबी सूत्रों के अनुसार बेटे की पत्नी से बाप का जोड़ी बनाना मना था। अगर वह ऐसा करता तो उस बाप को पानी में डुबो-डुबोकर मारा जाता। इसी तरह बाप की पत्नी से बेटा जोड़ी बनाएगा तो उसे बाप की सम्पत्ति से वंचित कर दिया जाएगा।

निषेध ही निदर्शन हैं

भाई की मृत्यु के बाद भाभी का देवर से विवाह करना और पत्नी की मृत्यु के बाद जीजा का साली से विवाह करना कई देशों में रिवाज बन गया। इस प्रकार की विवाह पद्धतियाँ हमारे कई प्रदेशों में भी दिखाई पड़ती हैं। इस प्रकार की विवाह पद्धतियों को अलग-अलग नाम दिया गया। यह रिवाज इंग्लैंड में भी विद्यमान था।

भाभी से देवर का विवाह करना 'लेबिरेट' कहा जाता था। यह रिवाज न्यायसम्मत था। हमारे भारत में भी यह प्रथा पाई जाती थी। इन्द्र के गुरु बृहस्पति को यह रहस्य मालूम था। बालि और सुग्रीव इसी पद्धति के अनुसार चले थे। सीता का लक्ष्मण पर शक करना इसी भावना को व्यक्त करता था। हीब्रू लोगों में यह विशेष प्रथा बन गई।

बहन के पति से छोटी बहन (जीजा-साली) के विवाह करने की पद्धति को 'सोटारेट' कहा जाता है। यह पद्धति भी बहुप्रचलित थी। आज भी हमारे समाज में कई लोग इस पद्धति के अनुसार विवाह कर रहे हैं। उस जमाने में विवाह करने की पद्धति में स्वेच्छा अधिक थी।

आज जो विवाह हमें घृणास्पद और अनैतिक दिखाई पड़ रहे हैं, वे ही विवाह तब गौरवमय और न्यायसम्मत थे।

आज भी कई जातियों में इस प्रकार की स्वच्छन्दता है। कुछ स्थानों पर आज भी भाई की बेटी से विवाह किया जाता है। हमारे समाज में मामा-भानजी के रिश्ते को जितना महत्त्व दिया जाता है, उतना ही महत्त्व इस रिश्ते को, (भाई की बेटी से विवाह करने को भी) भी दिया जाता है।

अफ्रीका में पिता की मृत्यु के बाद उसकी पत्नियों से उसका बेटा विवाह कर सकता था। उन माताओं में अपनी असली माँ को छोड़कर बाकी सभी से वह विवाह कर सकता था। यानी सौतेली माँ से विवाह करना कोई गलत नहीं था। यह पद्धति कई देशों में पाई जाती थी। अमेरिका में करिट्रसू नामक जाति में भी सौतेली गाताएँ (अपने पति के बेटों से) ब्याह कर सकती थीं। क्या पिता के मरने के बाद पूरी सम्पत्ति बेटों को नहीं मिलती ? बेशक मिलती है। फिर माताएँ भी (पिता की पत्नियाँ) पिता की सम्पत्ति ही थीं। पत्नियाँ भी गाय-भैंस की तरह सम्पत्ति बन जाती थीं। उस जमाने में कई जातियों में इसी विचार से पिता दस-बारह स्त्रियों से विवाह करता था। इसी विचार से बेटा भी अपनी माता को छोड़कर सौतेली माताओं से विवाह करता था। कुछ राजवंशों में अपनी माता तक से भी विवाह करने की पद्धति थी। इसके पीछे भी कुछ कारण थे। मिस्र की देवी का पति तम्मज था। यह तम्मज उसका बेटा ही था।

माता का रिश्ता जिस तरह विवाह के लिए योग्य माना जाता था उसी तरह कई देशों में बेटों का रिश्ता भी विवाह योग्य माना जाता था। पारसियों और मुसलमानों में बेटे से रिश्ता शास्त्रसम्मत है।

फ्रेंच गुयाना में एक विशेषता है। कोई विवाहिता जब दूसरा विवाह करती है, उसे अगर (पहले पति से) बेटी होती है तो साधारणतया दूसरा पति माँ और बेटी, दोनों के लिए दूल्हा बन जाता है। बेटी से सौतेला बाप कानूनी तौर पर विवाह कर सकता है। इसमें कोई दोष नहीं।

रूस के महान लेखक टालस्टाय ने एक नाटक में इस प्रकार के रिश्ते को दिखाया था। टालस्टाय के समय में लोगों को इस प्रकार विवाह करने का रिवाज घृणास्पद लगा। किन्तु यही नाटक गुयाना निवासी देखते तो उन्हें घृणास्पद नहीं लगता और न ही अनुचित। हमारे यहाँ मामा-भानजी के रिश्ते को भी घृणास्पद दृष्टि से देखनेवाले कई लोग हैं, किन्तु आन्ध्र में तो आज भी यह प्रथा चल रही है और इसे महत्त्वपूर्ण भी माना गया है।

अब इसका निष्कर्ष क्या निकलता है ? माँ का रिश्ता, बेटी का रिश्ता, ये सभी रिश्ते विवाह योग्य ही माने जाते थे। इस प्रकार विवाह करने की प्रथा प्रचलित थी। कुछ जातियों में किसी रिश्ते पर निषेध नहीं था। इसलिए सब रिश्ते उनके लिए विवाह योग्य बन गए।

उपरोक्त सभी विषयों पर एक दृष्टि डालने पर यही सत्य सामने आता है कि पहले स्त्री-पुरुष स्वच्छन्दता से घूमते थे। बाद में मानव सभ्य बनते गए। कुछ रिश्तों पर परिस्थितियों के अनुसार सामाजिक-वैचारिक धारा के दबाव में कुछ रिश्तों पर निषेध लगाया गया। किन्तु यह निषेध भी जोड़ी बनाने (यौन सम्बन्धों) के लिए नहीं केवल विवाह करने के लिए ही था।

अफ्रीका की बुहामान जाति में कोई भी किसी के साथ रह सकता है। इसमें कोई दोष नहीं है। विवाह होने के बाद भी स्त्री को स्वच्छन्दता मिलती है। तिब्बत की एक जाति (कवागुचि) में स्त्री-पुरुष उन्मुक्त घूमते हैं। मध्य भारत में केरया नामक एक जाति है। उनकी भाषा में विवाह के समानार्थक शब्द ही नहीं है।

इस प्रकार के कई प्रमाण देखकर कुछ शोधक इस निर्णय पर पहुँचे कि आरम्भ में जोड़ी बनाने के लिए कोई नियम नहीं थे। स्वच्छन्दता से स्त्री-पुरुष घूमते थे। किन्तु पंडितों को यह तथ्य अच्छा नहीं लगा इसलिए उन्होंने कुछ बदलकर कहा कि प्रारम्भ में जोड़ी बनाने के लिए नियम कम थे।

स्त्री-पुरुष की यौन स्वच्छन्दता के बारे में जानने के लिए विविध प्रदेशों के तीज-त्योहारों को देखना चाहिए। उस जमाने के स्त्री-पुरुषों

की यौन स्वच्छन्दता का प्रतिबिम्ब हमारी प्रथाओं में मिल जाता है। एक शोधक ने ऑस्ट्रेलिया के बारे में लिखा है कि कुछ तीज-त्योहारों पर जोड़ी बनाने के लिए रिश्ते-नाते भी नहीं देखे जाते। माँ-बेटी तक का भेदभाव नहीं रहता है। कुछ त्योहारों में जोड़ी बनाने के लिए निषेध किए गए नियम भी चलते हैं।

डियरी नामक एक जाति है। इस जाति में अगर किसी लड़की का विवाह हो रहा हो तो वह विवाह केवल उसका नहीं सारे गाँव का विवाह बन जाता है। विवाह धूमधाम से मनाया जाता है। विवाह के चार-पाँच दिनों में स्त्री-पुरुषों के लिए स्वच्छन्दता में कोई भी रुकावट नहीं रहती। जोड़ी बनाने के लिए कौन सा रिश्ता ठीक है, कौन सा नहीं ऐसा भी कोई नियम नहीं रखा जाता है।

वहाँ सभी स्त्री-पुरुषों के लिए इस प्रकार की स्वच्छन्दता का अनुभव लेना अनिवार्य है। अगर कोई भी इसके विरुद्ध बोले तो उसे सजा दी जाती है। स्त्री हो या पुरुष, उसका गला दबाकर मार दिया जाता है। रोम के साटरनेलिया उत्सव इसी प्रकार के हैं। भारत में होनेवाले गंगम्मा जातरा, कामदहन के त्योहार, कंचुकी के त्योहार आदि भी इसी श्रेणी में आते हैं।

जवानों की बूढ़ी जोड़ियाँ

अब तक मैंने जो भी कहा उसका सारांश यही है कि उन दिनों स्वच्छन्दता से जोड़ी बनाने के कई अवसर मिलते थे। इसलिए सेक्स के लिए तरसने की आवश्यकता नहीं होती थी। विवाह करना जोड़ी बनाने के लिए नहीं था।

बच्चों के लिए विवाह करने का विचार भी उनके मन में नहीं था। यह सत्य किसी को मालूम नहीं था कि सहवास करने से बच्चे होते हैं। उनका विश्वास था कि हवा से, घासफूस खाने से, कुछ सुनने से बच्चे हो जाते हैं।

अगर हम यह सोचें कि प्रेम के लिए वे विवाह करते थे तो हमारा विचार गलत है। आदि मानव में प्रेम की भावना का ज्ञान ही नहीं था। आज भी असभ्य जातियों में प्रेम का कोई महत्त्व नहीं है। माँ बच्चों का प्रेम भी उन दिनों में नहीं था। कुमारी किंगप्ले ने लिखा था कि अफ्रीका में माँ बच्चों का प्रेम और दोस्तों का प्रेम दिखाई पड़ता है किन्तु दम्पतियों के बारे में वे जानते भी नहीं। पति या पत्नी के मरने

के बाद जो दुःख व्यक्त किया जाता है वह केवल रिवाज के अनुसार ही दिखाया जाता है।

मोलिओस्की नामक एक शोधक ने इतिहास का आद्यन्त अध्ययन किया है। उसने लिखा है कि पति-पत्नी का प्रेम कहीं पर बिल्कुल नहीं दिखाई पड़ता है। पति के गुजर जाने के बाद चार दिनों में पत्नी फिर किसी के साथ भी जोड़ी बना सकती थी।

आरम्भ में मानव जीवन में प्रेम का कोई स्थान नहीं था। विवाहों में भी विवाह करनेवाले स्त्री-पुरुषों की भावनाओं को कोई प्रमुखता नहीं दी जाती थी। कन्याशुल्क के नाम पर पैसे देकर लड़की खरीदनेवाले विवाह में प्रेम भावना कहाँ होगी ? शास्त्रों में आठ प्रकार की विवाह पद्धतियों का विवरण मिलता है। उनमें एक-दो विवाह-पद्धतियों को छोड़कर बाकी सभी का दूल्हा-दुल्हन के बीच प्रेम भावना से कोई सम्बन्ध नहीं है। गान्धर्व विवाह पद्धति में कुछ हद तक प्रेम भावना दिखाई पड़ने पर भी मूलतः कामवासना ही अधिक दिखाई पड़ती है। इस विवाह पद्धति को उत्तम भी नहीं माना गया है। विवाह का आधार प्रेम न उन दिनों में था, न आज है।

विवाह करने का एक ही कारण था–उपयोग। विवाह महज मदद के लिए, कामकाज में हाथ बँटाने के लिए किया गया एक इन्तजाम है। दम्पति में एक खेत पर काम करता है, तो दूसरा घर का काम। एक लकड़ियों के लिए जाता है, तो दूसरा पानी के लिए। जब मदद की आवश्यकता होती है, तभी विवाह के बारे में सोचते हैं।

आरम्भ में मानव दरअसल पशु ही थे। भूख लगी तो पास के झाड़ों के कच्चे या पके फल खाते थे, पत्ते खाते थे। मेढक या मछलियों को मारकर खाते थे। पास की नदी से थोड़ा पानी पीते थे। नींद आई तो किसी पत्थर पर सो जाते थे। वासना जागृत हुई तो स्त्री-पुरुष एक हो जाते थे। अगर कभी डर लगा तो किसी भी गुफा के अन्दर घुस जाते थे। थोड़े दिन रहने के बाद वहाँ खाने-पीने के लिए कुछ नहीं मिला तो दूसरी ओर प्रस्थान कर जाते थे। यह थी अपने पूर्वजों की जीवन

पद्धति।

धीरे-धीरे हरी घास, भेड़-बकरियाँ, खेती-बाड़ी आदि मानव से जुड़ते गए। जीवन पद्धति में बदलाव आने के कारण स्थिर निवास का इन्तजाम करना पड़ा। कामकाजों का एक क्रम बना। यह सब एक व्यक्ति से तो हो नहीं सकता था। इसलिए किसी एक साथी की जरूरत के बारे में विचार किया गया। यहाँ से विवाह पद्धति का आरम्भ हुआ। विवाह पद्धति एक करार है। जिस प्रकार किसी भी व्यवहार में दो हिस्सेदार होते हैं उसी तरह विवाह संस्कार में भी दो हिस्सेदार होते हैं। इसमें सौन्दर्य का कोई महत्त्व नहीं होता। साथी काम करने लायक होना चाहिए। बैल की तरह, साँड़ की तरह काम करनेवाला होना चाहिए। नजाकत से, 'हाय ! मुझसे यह काम नहीं होता' कहनेवाला साथी बिल्कुल नहीं चाहिए। भेड़ें चराने का काम, खेती-बाड़ी का काम, घर का काम आदि में हाथ बँटानेवाले चाहिए। इसलिए कामकाज करनेवाले अनुभवियों के साथ ही विवाह होता है। सौन्दर्य का कोई महत्त्व नहीं है। वर यही चाहता है कि एक अनुभवी साथी उसे मिले, जो कामकाज अच्छी तरह से कर सके। बच्चों को पैदा कर सके। बच्चोंवाली माँ के साथ विवाह करने की प्रथा भी कई प्रदेशों में पाई जाती है। अफ्रीका, अमेरिका, यूरोप, ऑस्ट्रिया, ऑस्ट्रेलिया और कुछ अन्य देशों में यह विवाह पद्धति विद्यमान थी। आरम्भिक काल में वर की भी परीक्षाएँ होती थीं। उसे यह दिखाना पड़ता था कि घर चलाने में वह निपुण है। परीक्षाओं में कई प्रताड़नाएँ दी जाती थीं। उसे इन प्रताड़नाओं को सहना होता था। बल और सहनशक्ति दिखानी पड़ती थी। वह जिस घर से लड़की को ला रहा होता उस घर के परिवारवालों को भी कुछ-न-कुछ देने के लिए तैयार रहना होता था। यहाँ मैं फिर एक बार दोहराना चाहता हूँ कि विवाह में प्रेम और भावनाओं के लिए कोई स्थान नहीं होता। सौन्दर्य के लिए कोई महत्त्व नहीं होता।

हमारे समाज में माँ-बाप ही अपने लड़की-लड़कों के विवाह का निर्णय लेते हैं। इसमें वर-वधू के माँ-बाप का ही हाथ अधिक रहता

है। विवाह के लिए वधू और वर की सम्मति का कोई महत्त्व नहीं रहता।

उजबेक जाति में छोटी उम्र की लड़कियों से कोई भी व्यक्ति विवाह नहीं करता। बड़ी उम्र की स्त्रियों से विवाह करने से कई लाभ हैं। गयाना इंडियाना में एक विचित्र पद्धति है। युवक विवाह करना चाहता है तो पहले एक बूढ़ी से उसका ब्याह किया जाता है। बूढ़ी के मरने के बाद फिर किसी युवती से विवाह कर सकता है। बड़ी उम्र की स्त्री विधवा हो गई तो वह एक युवक से विवाह करती है। इसके पीछे एक छोटा सा रहस्य है। विवाह के माने घर से है। घर चलाने के लिए कुछ अनुभव रहना अच्छा है, यानी जोड़ी में किसी एक को अनुभव रहना चाहिए। दो अनुभवविहीन छोटी उम्रवालों को घर चलाने के लिए कहेंगे तो क्या चला पाएँगे ? गयाना के लोगों का कहना है कि अनुभव, बुद्धिहीन व्यक्तियों को व्यापार चलाने के लिए कहेंगे तो क्या होगा ? व्यापार में पूरा नुकसान ही होगा। बड़ी उम्रवाले अनुभवी होते हैं। इन अनुभवियों के नीचे कम उम्रवाले शिक्षण ले सकते हैं। बाद में वे नौजवानों से विवाह कर सकते हैं। इसलिए कम उम्रवालों का विवाह बूढ़ी औरतों से कराया जाता है। प्रशिक्षण पाने के बाद ही उस युवक को युवती मिलती है।

ग्रीक में सभ्यता जब चरम स्थिति में थी, तब भी वहाँ पर विवाह सौन्दर्य को देखकर नहीं किया जाता था। इटली और भारत में भी वैसा ही था। घर के कामकाज करने की शक्ति ही मुख्य थी। सौन्दर्य का कोई महत्त्व नहीं होता था।

बुलगारिया में एक लोकोक्ति प्रसिद्ध है। 'विवाह करना है तो तुम्हें गोद में उठाकर फिरानेवाली औरत से ही करना है।' विवाह करें तो स्त्री मिलती है। स्त्री मिलेगी तो घर बसाया जा सकता है। पत्नी तथा बच्चों के लिए द्रविड़ भाषा में पेण शब्द का उपयोग किया जाता है। पेण्णासयु, मण्णासयु, पोण्णत्ययु शब्द त्रिकालीश्वर महत्यम्[1] में

1. यह तेलुगु के काव्य का नाम है।

मिलते हैं। पेण्णास—स्त्री की कामना करना, वह पेण्णाहल होता है। इल माने इल्लु[1] है। पेण्इल से पेंडिल (यह द्रविड़ भाषा सन्धि है) बनता है। पेंडिलि, पेंडिल, पेंलिल[2] आदि शब्द इसका विकसित रूप हैं। इस शब्द का अर्थ इतिहास तथा मानव और रीति-रिवाजों से जुड़ा हुआ है।

संस्कृत शब्द विवाहम्, उद्वा, परिणयम्, कल्याणम् आदि में यह पुरातन अर्थ नहीं मिलता है। तेलुगु शब्द पेल्लि जिस तरह विवाह की पहली मंजिल का बोध कराता है, उसी तरह संस्कृत शब्द बोध नहीं कराते हैं। बाद की जो मंजिल है, उनका बेशक बोध कराते हैं। इसके बारे में आगे बतलाऊँगा।

सारांश यही है कि विवाह में केवल कामकाज करने की योग्यता देखी जाती है। लेन-देन भी इससे जुड़ा हुआ है। विवाह संस्कार में 'उपयोग' को ही अधिक महत्त्व दिया जाता है। अगर विवाह केवल प्रेम तथा सौन्दर्य से जुड़ा हुआ हो तो पुरुष किसी बीमार औरत (जो सुन्दरी भी है) से क्यों नहीं विवाह करता है ? इसी तरह स्त्री भी एक अपाहिज पुरुष (जो एक सुन्दर पुरुष भी है) से विवाह क्यों नहीं करती ? लड़की के मामूली होने के बावजूद उसमें कामकाज करने की, बच्चे पैदा करने की शक्ति हो तो उससे कोई भी व्यक्ति विवाह कर सकता है। सौन्दर्यवती होने पर भी अगर उस स्त्री में न कामकाज करने की शक्ति है, न बच्चे पैदा करने की क्षमता है, तो उससे कोई भी विवाह नहीं करेगा।

---

1. यह तेलुगु शब्द है। इसका अर्थ होता है घर।
2. यह तेलुगु शब्द है। इसका अर्थ होता है विवाह।

परिणय माने क्या है ?

एक-दूसरे की सहायता करते हुए घर चलाने के लिए (पैसा, लेन-देन आदि इससे जुड़े हुए हैं) किया जानेवाला इन्तजाम विवाह है। दो स्त्रियाँ भी इस प्रकार का इन्तजाम कर सकती हैं। दो पुरुष भी इस प्रकार का इन्तजाम कर सकते हैं। किन्तु ऐसी जोड़ियों में विवाह नहीं होता है। एक पुरुष तथा एक स्त्री ही इस प्रकार के बन्धन में बँध सकते हैं। इसे ही विवाह कहा जाता है। तभी बच्चे, घर, कुटुम्ब आदि बनते हैं।

किस प्रकार बर्ताव करना चाहिए, औरत को कौन सा काम करना चाहिए, पुरुष को कौन सा काम करना चाहिए, बच्चों का पालन-पोषण किस प्रकार करना चाहिए—आदि नियम बाद में रखे गए। ये ही नियम धीरे-धीरे रिवाजों के रूप में परिवर्तित हो गए। परिस्थितियों के अनुसार बनाए गए ये नियम ही धीरे-धीरे मानव को बाँध देते हैं, नियम बेड़ियाँ बन जाते हैं।

विवाह संस्कार के पीछे का पहला कारण है जरूरत। जोड़ी बना कर कामेच्छा को तृप्त करने के लिए विवाह की जरूरत नहीं होती है।

मानव जीवन के आरम्भिक काल में समाज से जुड़ा हुआ विवाह संस्कार नहीं था। तब न तो कोई नियम थे, न ही समाज के बन्धन। ये सब सामाजिक विकास के बाद की दशाओं में बनाए गए। एक इंसान शिकार करके जानवर लाएगा तो उसे पकाकर खिलाने के लिए दूसरे व्यक्ति की जरूरत पड़ती है। एक खेत जोतता है तो बीज डालने के लिए दूसरे की जरूरत पड़ती है। इन सबके साथ भेड़ें चराना भी एक काम है। ये सब काम एक आदमी से तो नहीं हो सकते हैं इसलिए आदमी को अपने कामकाज में हाथ बँटाने के लिए एक और व्यक्ति की जरूरत महसूस होने लगी। अब यह प्रश्न पैदा होता है कि केवल कामकाज में हाथ बँटाने के लिए वह स्त्री को ही क्यों, पुरुष को भी तो ला सकता है ? वह स्त्री को इसलिए लाता है कि वह कामकाज में हाथ बँटाने के साथ-साथ बच्चों की माँ भी बन सकती है।

स्त्री को भी गर्भावस्था में किसी की जरूरत पड़ती है। गर्भधारण के पहले स्त्री जितना काम कर सकती है उतना काम गर्भधारण के बाद करना सम्भव नहीं होता। जब जच्चा बनती है तब उसे किसी दूसरे व्यक्ति पर निर्भर रहना पड़ता है। यह भी एक जरूरत है।

अगर स्त्री को गर्भधारण या प्रसव के समय पर किसी की जरूरत नहीं होती तो उसकी स्थिति इतनी बुरी न होती, केवल इसी एक मजबूरी का फायदा उठाया है पुरुष ने। स्त्री के बिना सृष्टि नहीं है। असल में प्रकृति ने बच्चे पैदा करने का जो काम स्त्री को सौंपा है, उस पर समाज को गर्व करना चाहिए था, उसे गौरव देना चाहिए था। स्त्री को एक ऊँचा स्थान देना चाहिए था।

पुरुष ने स्त्री की मजबूरी का फायदा उठाकर उसके पास से सारे अधिकार छीन लिये। केवल उसे एक बैल, एक भैंस बना दिया। यह अन्याय करने और उसके अधिकार छीनने के पीछे इसके सिवाय और कोई कारण नजर नहीं आता। स्त्री बेहद कमजोर होती है, प्रकृति ने ही इसे एक कमजोर लिंग बनाया, उसमें अक्ल कम होती है, धैर्य नहीं होता आदि कहकर सभ्य पुरुष उसे नीच भावना से देखने लगे। ये भेदभाव आज स्पष्ट दिखाई पड़ रहे हैं। आरम्भिक काल में ऐसा

बिल्कुल नहीं था। आज पुरुष ने स्त्री को एक नाजुक पुतली बना रखा है। आज स्त्री का शरीर कुसुमकोमल बन चुका है। आरम्भिक काल में स्त्री कमजोर तथा नाजुक थी, यह कहना दुस्साहसपूर्ण होगा यह इतिहास के भी विरुद्ध होगा। सृष्टि की दृष्टि में स्त्री और पुरुष में कोई भेदभाव नहीं है। आज भी कुछ जनजातियों में चार औरतें तथा चार पुरुष लड़ेंगे तो पुरुषों के लिए घाव खाए बिना बच पाना कठिन होगा। आज भी स्त्री अबला नहीं, सबला ही है। किन्तु स्त्री को अवसर नहीं दिए जा रहे हैं। अबला के नाम पर, सौन्दर्य के नाम पर उसे एक कोने पर हमने बिठा दिया है इसलिए वह अबला ही बनकर रह गई है। पुरुष ने अगर कोई महान कार्य किया है तो यही एक महान कार्य है। वाह रे पुरुष, तुमने सचमुच कितना महान कार्य किया है !

सौन्दर्य, नजाकत आदि के नाम पर पुरुष ने स्त्री के प्रति बहुत अन्याय किया है। कुछ आदिवासी जातियों में स्त्री और पुरुष की मुखाकृति में भी इतना भेद नहीं दिखाई पड़ता है। कुछ जातियों में स्त्रियाँ बहुत शक्तिशाली होती हैं। दस लोगों को लात मारकर भगाने की शक्ति उनमें रहती है। सौ पुरुषों को थप्पड़ मारकर वह जवाब दे सकती हैं।

सौन्दर्य केवल स्त्री से ही नहीं जुड़ा हुआ है। सारी प्रकृति में यह सत्य दिखाई पड़ता है कि नर और मादा में नर ही अधिक सुन्दर होते हैं। सृष्टि में पुरुष जाति ही अधिक सुन्दर है। चिड़ियों में नर चिड़िया सुन्दर होते हैं। सिंहनी से सिंह ही अधिक सुन्दर होते हैं। हाथियों में नर हाथी सुन्दर होते हैं। मोरनी से मोर अधिक सुन्दर होता है। प्रकृति तत्त्व के अनुसार पुरुष जाति ही सुन्दर है। फिर मानव जाति में स्त्री को ही सुन्दर बनाने की जरूरत प्रकृति को क्यों पड़ी है ? क्यों बनाना चाहिए था ? नहीं...नहीं...प्रकृति ने ऐसा नहीं किया है। हमने ही कई शताब्दियों से लगातार स्त्री को सौन्दर्य की एक प्रतिमा बनाने का प्रयत्न किया है, आज तो वह केवल कोमलता और सौन्दर्य का प्रतीक बनकर रह गई है। अबला कहकर, मेस्मरिज्म करते हुए इन रबर की गुड़ियों को हमने बनाया। उनके सब अधिकारों को छीन लिया है। हाँ, अगर

आप कहेंगे कि यह एक अच्छा काम है, फिर इसका श्रेय हमारे पुरुष समाज को मिलना चाहिए न कि सृष्टि को। आप कहेंगे यह बुरा काम है तब तो यह महापाप पुरुष का ही है। औरत की मजबूरी का पुरुष ने इतना फायदा उठाया कि उसे विश्वासघाती कहें तो भी कोई गलती नहीं है। उसका यह कपट यहाँ तक ही नहीं रुका, उसने अपनी संतृप्ति के लिए स्त्री को लोहे की कमरपेटियों से बाँध दिया।

मैंने ऊपर जो बताया उसके अनुसार स्त्री और पुरुष दोनों को ही एक दूसरे की जरूरत होती है। स्त्री को पुरुष की जरूरत गर्भधारण के समय या जन्म की अवस्था में होती है किन्तु पुरुष को स्त्री की जरूरत हमेशा होती है। स्त्री घर के लिए काफी उपयोगी व्यक्ति है। पिता, पति, बेटा सबको स्त्री की जरूरत होती है।

विवाहपूर्व स्त्री पिता के पास रहती है। वहाँ पर कामकाज करती है। स्वेच्छा से जोड़ी बनाती रहती है। सम्पत्ति भी कमाती है। बच्चे भी पैदा करती है। ये सब बच्चे नाना की सम्पत्ति बन जाते हैं। ये बच्चे भी कामकाज में हाथ बँटाते हैं। काम करनेवालों की संख्या अधिक होती है तो सम्पत्ति की भी वृद्धि होगी। ऐसे घर की स्त्री को पुरुष अपने घर लाना चाहता है। अर्थात् जो अपने पिता के लिए बहुत ही उपयोगी हो ऐसी स्त्री को पुरुष लेना चाहता है। इससे पिता का नुकसान होता है। सदस्यों की एक संख्या कम हो जाएगी। पूरे घर के लिए यह नुकसान है। इसलिए उन दिनों में वर को, विवाह करते समय वधू के पिता को तथा घर के सदस्यों को नष्ट परिहार देना पड़ता था। उन दिनों की जरूरतों और सामाजिक मूल्यों के अनुसार वधू के पिता के लिए चार भेंड़ें या तीन सुअर या तीन-चार भैंस आदि वर को देनी होती थी। उस जमाने में पशुओं को ही धन माना जाता था। यह धन देकर स्त्री को लाना पड़ता था। कभी-कभी वधू को घर के हर सदस्य को थोड़ा धन देना पड़ता था। तब जाकर पुरुष किसी स्त्री से विवाह कर पाता था। विवाह करने के बाद पत्नी के पहले के बच्चों को नाना के पास ही छोड़ना पड़ता था। अपनी पत्नी के ऐसे बच्चों को जो नाना (पत्नी के पिता) की सम्पत्ति माने जाते थे, अगर वर लेना चाहता तो

उसे और धन देना पड़ता था। इस तरह एक प्रकार से वधू-शुल्क देकर वर को विवाह करना पड़ता था। उसके बाद स्त्री और उसके बच्चे पति की सम्पत्ति बन जाते। स्पष्ट है कि विवाह के विषय में प्रेम भावना का कोई महत्त्व नहीं था। सौन्दर्य का भी महत्त्व नहीं था। एक जाति के नायक से यह पूछा गया था कि सौन्दर्य के बारे में आप क्या सोचते हैं ? उसका उत्तर था कि सब काम करने की शक्ति रहनी चाहिए, सौन्दर्य माने यही तो होता है ! बाकी विषयों में...एक जैसी ही होती है। इस उत्तर में गूढ़ार्थ छिपा है। वह चुनने में यही देखता है कि अपनी जरूरतों को पूरी करनेवाली स्त्री उसे चाहिए।

आज भी स्त्रियों को खरीदकर ले जाने की प्रथा है। आज जो दहेज का रिवाज है इसके पीछे खरीदने की भावना ही है। पुरुष स्त्री को अपने साथ घर ले आता है। विवाह का आशय इसी प्रकार ले जाने से है। इसलिए इसको परिणय भी कहा गया है। परिणय का अर्थ है चलाते हुए ले जाना। आधुनिक मानव परिणय से सप्तपदी को जोड़ता है। इसका असली अर्थ उसे नहीं मालूम। उसे तो इतिहास भी पूरा मालूम नहीं। खरीदने के बाद जिस प्रकार वस्तु हम घर लाते हैं, उसी प्रकार पुरुष स्त्री को अपने साथ घर लाता है। घर लाते समय 'देवता दर्शन' करने की प्रथा भी है। परिणय को अंग्रेजी में 'लीडिंग टु दि अलार' (लड़की को धर्मपीठ से होते हुए लेकर जाना) कहते हैं। यह चलाते हुए लेकर जाना ही परिणय है।

विचित्र विवाह

धन देकर लड़की को खरीदने का रिवाज लगभग सभी देशों की अधिकतर जातियों में रहा है। साधारणतया यह धन पशु सुअर, कुत्ते आदि के रूप में होता था। बिना धन दिए लड़की को ले आना बहुत ही अपयश की बात समझी जाती थी। पूरे वंश के लिए यह लज्जाजनक होता था। उन दिनों में लड़कीवाले अगर लड़केवालों से धन नहीं लेते थे तो समाज उन्हें हेय दृष्टि से देखता था। आज भी भेंट, कपड़े आदि लेने का रिवाज तो है ही। ये सब अतीत की उसी परम्परा से सम्बन्धित हैं।

एक विचित्र विवाह का उदाहरण देखते हैं—न्यूगिनी में दो परिवारों में विवाह तय होने के बाद सौदे के बारे में निर्णय कर लिया जाता है। सौदे में सुअर, कुत्ते आदि दिए जाते हैं। सौदे की बातचीत होने के बाद दोनों परिवार अपने-अपने घर चले जाते हैं। दो-तीन दिनों के बाद लड़कीवाले एक समूह बनाकर लड़केवालों के घर पर हमला बोलते हैं और घर में जितने भी सुअर व कुत्ते होते हैं उन सबको अपने साथ

ले जाते हैं। इसमें एक रोचक बात है। लड़केवालों को पहले ही यह पता होता है कि लड़कीवाले हमला करेंगे और सुअर, कुत्ते आदि ले जाएँगे। इसलिए सौदे में जितने सुअर व कुत्ते देने की बात तय होती केवल उतने ही सुअर और कुत्तों को घर में छोड़ते हैं। बाकी सभी को अन्यत्र कहीं छिपा देते हैं।

लड़कीवाले सौदे के अनुसार सुअर, कुत्ते आदि को स्वाधीन कर लेते हैं। बाहर के लोगों को ऐसा दिखाई पड़ता है कि लड़केवाले अपनी पूरी सम्पत्ति देकर लड़की को लेकर आए हैं। बाद में वर और वधू एक-दूसरे की पीठ मिलाते हुए पूरब की ओर मुख करके बैठते हैं। वधू ऐसा नाटक करती है कि उसे लड़का पसन्द नहीं है। वहाँ उपस्थित सभी लोग ऐसा नाटक करते हैं मानो वे लड़की को समझा रहे हों। वधू उनकी बातें सुनकर एक पान का पत्ता पीछे देती है। पान के पत्ते के बजाय सिगार भी देने की प्रथा कहीं-कहीं पाई जाती है। वर पान के पत्ते को खा लेता है या सिगार पी लेता है। यह कार्यक्रम होते ही यह समझ लिया जाता है कि विवाह सम्पन्न हो गया है। जाति का मुखिया उठकर वर और वधू के नाम जोर से पुकारता है। इसके बाद वर-वधू पति-पत्नी बन जाते हैं। इस तरह विवाह महोत्सव समाप्त हो जाता है।

एक और विचित्र विवाह की चर्चा करते हैं—कुछ जगहों पर लड़के को युवक बनने के बाद यह साबित करना पड़ता है कि वह एक हट्टा-कट्टा नौजवान है। इसके लिए उसे कई परीक्षाओं में भी उत्तीर्ण होना पड़ता है। परीक्षा बहुत कठिन होती है। इन परीक्षाओं के सामने जो खड़ा रह पाता है उसको ही युवक कहा जाता है। मूँछ और दाढ़ी आने भर से कोई उसे नवयुवक नहीं कहता। पिता अपने बेटे के युवक बनते ही अपनी जाति के सभी लोगों को बुलाता है और कहता है कि वह अपने बेटे का विवाह करना चाहता है। विवाह के लिए लड़कीवालों को पैसे देने के लिए सब मिलकर धन इकट्ठा करते हैं। जाति का मुखिया वधू को ढूँढ़ता है। लड़की बच्चों की माँ हो तो भी कोई आपत्ति नहीं होती। लड़केवाले लड़की के पिता के पास धन लेकर जाते हैं।

लड़की का बाप और धन माँगता है। लड़केवाले और थोड़ा धन देकर उसे सन्तुष्ट करते हैं।

लड़की का पिता सुपारी के गुच्छों में से, जो लड़के के पिता के हाथ में रहता है, एक कच्ची सुपारी निकालता है और दाँतों से उसका छिलका निकालकर सुपारी के दो टुकड़े करता है। दहेज में आए हुए धन पर इन टुकड़ों को तीन बार घुमाता है। एक टुकड़ा दूल्हे को और दूसरा टुकड़ा दुल्हन को दिया जाता है। दोनों सुपारी खाते हैं, विवाह महोत्सव समाप्त हो जाता है।

कभी-कभी ऐसा भी होता है कि ससुर की माँग को दामाद पूरा नहीं कर पाता है। माना कि दहेज में दस सुअर देने की बात हुई है। दामाद में एक ही बार में दस सुअर देने की ताकत नहीं है तो उनमें से आधा हिस्सा पहले दे सकता है और बाद में बाकी सुअर दे सकता है। बाकी पाँच सुअरों को वह छह महीने में एक-एक करके भी दे सकता है। यानी दहेज भी किस्तों में दिया जा सकता है। दहेज में आधा धन ससुर को देने के बाद वधू को अपने घर ला सकता है। पति-पत्नी एक जगह रह सकते हैं किन्तु यह माना जाता है कि वे पूर्ण रूप से पति-पत्नी नहीं बने हैं। अगर इन दोनों के बच्चे हुए तो भी वे बच्चे लड़की के पिता के ही होते हैं। यानी विवाह पूर्व और विवाह होने के बाद पैदा हुए बच्चे समान हो जाते हैं। यानी विवाह होने के बाद पैदा हुए बच्चे, अगर वर ने ससुर को दहेज का पूरा धन नहीं दिया है तो, पति-पत्नी के नहीं माने जाते हैं।

दहेज देकर विवाह करके लड़की को लाने के बाद अगर लड़की किसी अन्य के साथ चली जाए तो लड़की के पिता को दहेज लौटाना पड़ता है क्योंकि दहेज के कारण ही लड़की पत्नी बन पाती है। विवाह होने के बाद अगर पत्नी को पति पसन्द नहीं आया तो दहेज वापस करने का इन्तज़ाम करना पड़ता है। इससे विवाह सम्बन्ध टूट जाता है। लड़की का पिता अपनी बेटी को किसी दूसरे पुरुष को देकर विवाह करना चाहता है तब भी दामाद को दहेज वापस करना पड़ता है। यानी विवाह और तलाक दोनों ही आसान हैं।

इन विवाहों में एक विचित्र बात और है। पत्नी किसी दूसरे पुरुष से विवाह करना चाहती है अथवा दूसरा कोई पुरुष उस स्त्री से विवाह करना चाहता है तो दिया गया दहेज पूर्व पति वापस ले सकता है और पत्नी को छोड़ सकता है। उसके बाद उस स्त्री पर हक दूसरे पति का ही होता है। पहला पति पत्नी से यह भी कह सकता है कि तुम्हें दहेज लौटाने की कोई जरूरत नहीं है तुम उसके साथ जा सकती हो, तुम्हारे बच्चों को मैं रखूँगा। अगर दहेज वापस न लिया तो दूसरे पति से पैदा हुए बच्चे भी पहले पति के ही होते हैं। इसका अर्थ यही होता है कि जब तक दहेज का धन वापस न किया जाए, तब तक विवाह सम्बन्ध टूटता नहीं। चाहे किसी के द्वारा पैदा किए गए हों, बच्चे पहले पति के ही होते हैं। यह प्रथा बहुत ही पुरानी है।

बच्चे सम्पत्ति होते हैं। कामकाज के लिए बच्चे चाहिए। ऐसी औरतों को अधीन में रखना बहुत ही लाभदायक होता था जो बच्चों को पैदा कर सकती है। इस विचार के कारण अफ्रीका में कुछ विचित्र विवाह होने लगे। वहाँ पर वृद्ध भी विवाह करते हैं। उनकी पत्नियाँ अपनी इच्छा के अनुसार जवान पुरुषों से जोड़ी बना लेती हैं। वे घर के कामकाज करती हैं। बच्चों को पैदा करती हैं। ये बच्चे वृद्ध पति की सम्पत्ति बन जाते हैं। पुरुषों में ऐसा रिवाज देखकर स्त्रियों ने भी वय होने के बाद जवान लड़कियों से विवाह करना शुरू किया। ये जवान लड़कियाँ दूसरे पुरुषों के साथ रहकर बच्चे पैदा करती हैं और अपने 'स्त्री-पति' को दे देती हैं। विवाह संस्कार उसी तरह का होता है जैसा स्त्री-पुरुषों का विवाह किया जाता है। जवान लड़कियों का बड़ी उम्र की स्त्री-पतियों से विवाह करना विचित्र नहीं तो और क्या है। इन स्त्री-पतियों को तीन-चार पत्नियाँ भी रहती थीं। इन पत्नियों से (ये पत्नियाँ दूसरे पुरुषों से जोड़ी बनाती थीं) पैदा हुए सभी बच्चे इन स्त्री-पतियों के बच्चे बन जाते हैं। एक अंग्रेजी शोधक ने बताया कि अफ्रीका में एक स्त्री-पति ने उन्नीस बार विवाह किया और बाल-बच्चों के साथ वैभव से अपना जीवन बिताया।

अफ्रीका में कई अन्य अनोखे विवाहों के बारे में जानकारी

मिलती है। कालान्तर में अफ्रीकी लोग सोचने लगे कि बच्चे नहीं रहना बहुत बड़ा दोष है। इसके कारण भी ऐसे 'स्त्री-पतियों' की संख्या बढ़ने लगी। बाँझ स्त्रियाँ पैसे देकर किसी वधू को खरीद लेतीं और वे वधू का 'स्त्री-पति' बन जाती हैं।

स्त्री-पुरुषों के विवाह संस्कार की तरह ही इनका विवाह होता है। अगर इस स्त्री-पति (बाँझ) को कोई सौतेले बच्चे होते हैं तो उनमें से कोई लड़का उस नववधू से जोड़ी बना लेता है। इस जोड़ी से पैदा हुए बच्चे वधू और उस पुरुष के नहीं होते, 'स्त्री-पति' के हो जाते हैं। तब उस बाँझ का दोष (बच्चे नहीं होना) मिट जाता है। हालाँकि यह बात समझ से परे है कि नई वधू , उस स्त्री-पति का पति जब तक जिन्दा है, तब उससे जोड़ी क्यों नहीं बना सकती है। सम्पत्ति पर अधिकार की भावना इस प्रथा से जुड़ी हुई है।

धन देकर खरीदने के कारण पुरुष स्त्री पर कई अधिकार पा लेता है। पति को पत्नी पर पूर्ण हक होता है। पति अपनी पत्नी पर दूसरे पुरुषों की छाया तक नहीं पड़ने देता है। किन्तु कुछ सन्दर्भों में वह नियमोल्लंघन भी करता है। कुछ तीज-त्योहारों पर, अतिथि सत्कार के सन्दर्भ में, पति अपनी, पत्नी को पराए पुरुष के पास भेज सकता है। कुछ सन्दर्भों में पति भी पराई स्त्री के साथ सम्बन्ध रख सकता है। विवाह होने के बाद व्यभिचार करना दोष है। किन्तु कुछ परिस्थितियों में ऐसा करना शास्त्रसम्मत माना जाता है।

नमूना विवाह

आज के जमाने में कोई भी पुरुष चाहे वह कितना भी कमजोर क्यों न हो, विवाह करने के लिए तैयार हो जाता है। उसे कितनी भी बीमारियाँ होती रहें, वह कितना भी दुर्बल हो फिर भी विवाह कर सकता है। उसे कोई नहीं रोक सकता। विवाह करना अब बहुत ही आसान है।

उस जमाने में विवाह करना आसान नहीं था। विवाह करने का विचार आते ही पहले पुरुषों को अपनी योग्यता साबित करनी पड़ती थी। केवल बातों से नहीं, काम करके दिखाना पड़ता था। उसे यह साबित करना पड़ता था कि वह स्त्री का पालन-पोषण करने में सक्षम है। स्त्री को भी सबूत के साथ यह दिखाना पड़ता था कि वह किसी की पत्नी बनने लायक है। यानी वह कामकाज कर सकती है, बच्चे पैदा कर सकती है।

पुरुष की योग्यता का सम्बन्ध ताकत से होता है। स्त्री की योग्यता का सम्बन्ध केवल कामकाज से ही नहीं, बच्चों को पैदा करने

की क्षमता से भी है। उस जमाने में लोगों का विचार यह था कि बच्चे पैदा करना केवल स्त्री के ही हाथ में है। वे सोचते थे कि जोड़ी बनाना और बच्चे पैदा करना दोनों के बीच में कोई सम्बन्ध नहीं है। उनके विचार में हवा से या कुछ खाने से ही बच्चे पैदा होते हैं। धीरे-धीरे समाज में परिवर्तन आया। विचार बदलते गए। किन्तु स्त्री के प्रति जो धारणाएँ बन चुकी थीं, उनमें कोई बदलाव नहीं आया। अगर बच्चे नहीं होते तो औरत को ही दोषी ठहराया जाता था। इसलिए स्त्री को इस विषय में भी अपनी योग्यता दिखानी पड़ती थी। विवाह पूर्व ही अगर बच्चे होते तो स्त्री के लिए एक महत्त्वपूर्ण विशेषता बन जाती थी। बच्चों की माँ को काफी धन तथा पशु देकर पुरुष खरीदते थे। अगर स्त्री को सन्तान नहीं होती तो उसके लिए भी रास्ता था। स्त्री बच्चों को पैदा कर सकती है या नहीं, जानने के लिए, नमूना देखने के लिए विवाह किया जाता था। इस प्रकार के नमूना विवाह भी होते थे, किन्तु यह स्थायी विवाह नहीं होता था। हालाँकि स्त्री-पुरुष, पति-पत्नी की तरह रह सकते थे। इस जोड़ी को बच्चे होने के बाद समझ लिया जाता था कि विवाह पक्का हो गया है। अगर बच्चे नहीं होते या यह पता चल जाता कि भविष्य में इस स्त्री को बच्चे नहीं होंगे तो यह नमूने का विवाह रद्द हो जाता था।

इसलिए कई जातियों में विवाह के सब रीति-रिवाज पूरे होने के बाद भी अगर बच्चे न हों तो विवाह स्थायी नहीं माना जाता। बच्चे पैदा होने के बाद ही विवाह स्थायी बन पाता है।

बंगाल प्रान्त में आज भी पति अपनी पत्नी को नाम से नहीं पुकारता है। एक बच्चा होने के बाद ही पत्नी को नाम से पुकारने का हक उसे मिलता है। अगर मुकुन्द बच्चे का नाम है तो 'मुकुन्द की माँ' कहता है। बच्चे पैदा हो भी सकते हैं, नहीं भी। यह स्थिर विषय नहीं रहा। इसके कारण नमूना विवाह कभी-कभी झगड़े का कारण भी बन जाते। इसे देखकर कुछ लोगों ने और एक उपाय ढूँढ़ निकाला। पाँच-दस साल तक स्त्री-पुरुषों को पति-पत्नी के रूप में रहना पड़ता था। इस बीच बच्चे पैदा हो गए तो वह स्थिर विवाह बन जाता, नहीं

तो टूट जाता। इस तरह कुछ समय की अवधि दी जाती थी। पूरे रीति-रिवाज के अनुसार विवाह कराया जाता था। इस अवधि के भीतर वर-वधू पति-पत्नी की तरह जीवन बिताते थे। उसमें बच्चे हो जाते तो विवाह स्थिर हो जाता। नहीं होते तो दोनों के रास्ते अलग-अलग बन जाते। पति दूसरी स्त्री के साथ फिर मियादी-विवाह कर सकता था। चाहे नमूना विवाह हो या मियादी-विवाह, बच्चे न होने से विवाह सम्बन्ध टूट जाता था तो दामाद ने जितना धन दिया (पैसे, पशु) था, उतना धन ससुर को वापस करना होता था। कन्या शुल्क वापस करने के बाद ही वधू कन्या के रूप में पिता के घर वापस आ पहुँचती थी।

कुछ जातियों में ससुर थोड़ी-बहुत उदारता दिखाता था। विवाह होने के बाद सम्बन्ध रहने तक अपनी लड़की का पालन-पोषण करने के लिए ससुर अपने दामाद को कुछ भेंट भी देता था।

उस जमाने में वर की परीक्षाएँ होती थीं। ये परीक्षाएँ बहुत कठिन होती थीं। पर परीक्षा किसलिए ? विवाह करते ही वह घर का मालिक बन जाता था। घर के सदस्यों का पालन-पोषण करने की शक्ति उसमें वांछनीय थी। आवारा की तरह घूमने पर उसका विवाह नहीं होता था। उसे घर की जिम्मेदारियाँ निभानी पड़ती थीं।

जब लड़के के परिवारवाले वधू को ढूँढ़ना शुरू करते थे तब जातिवाले एक सभा का इन्तजाम करते। उस सभा में वर को कई कठिन दंड दिए जाते थे। उसे मारा जाता, पीटा जाता, कुछ दिन भूखा रखा जाता। कठिन से कठिन कार्य करने के लिए कहा जाता। वर को सारे काम करने होते थे। इन कठिन परीक्षाओं से गुजरते समय उसे रोना नहीं चाहिए था। उसे यह भी नहीं कहना चाहिए था कि फलाँ काम मैं नहीं कर सकता। कभी-कभी इन परीक्षाओं के समय लड़का बेहोश भी हो जाता या मर भी जाता था। उनके विचार में जो वर परीक्षा के सामने नहीं खड़ा रह सकता था उसके जीने से मर जाना ही अच्छा था। जब जातिवालों से दी गई यातनाओं को वर सहन नहीं कर पाता तो वह शत्रु से दी गई यातनाओं को कैसे सहन कर सकेगा ? ऐसा दामाद किस काम का ? इतने कमजोर वर को कोई भी अपना दामाद

बनाने के लिए तैयार नहीं होता था।

लड़कीवाले वर की कई परीक्षाएँ लेते थे। विवाह-पूर्व वर को किसी शत्रु को मारकर उसकी मुंडी या किसी जानवर को मारकर उसके शव को लड़कीवालों के हाथ सौंपना पड़ता था। हालाँकि एक-दो जातियों के विचार इस बारे में अलग रहे। सोमाल जाति के एक व्यक्ति से पूछा गया था कि 'विवाह करने के लिए उसे किसी को क्यों मारना चाहिए ?' तब उसने उत्तर दिया था कि 'विवाह करने के बाद बच्ची को पैदा करेंगे तो उस बच्ची को रहने के लिए जगह कहाँ मिलेगी ? किसी को मारने से जगह खाली हो जाती है।'

मेडागास्कर में एक रोचक रिवाज पाया जाता है। चार-पाँच लड़कियाँ (जो लड़की की तरफ से होती हैं) दूर खड़ी रहकर बाण वर पर फेंकती हैं। वह हाथ से सारे बाणों को पकड़ता है। कभी-कभी ऐसा भी होता है कि बाण न पकड़ सकने के कारण वर मर जाता है। उसके मरने की किसी को चिन्ता नहीं होती क्योंकि यह मान लिया जाता है कि जो बाणों से अपनी खुद की रक्षा नहीं कर सकता वह जीवन में क्या कर सकेगा ? उसे दामाद कौन बनाएगा ? ऐसे अशक्त वर को दामाद बनाना अपयश की बात होगी।

अण्णर मिस्र में वर को पकड़कर लड़कीवाले चाबुक से मारते हैं। मार खाने के बाद भी वर को हँसते रहना होता है। अगर वह रोएगा तो उसे वधू नहीं मिलेगी। इसी तरह लड़कीवाले एक बैल या साँड के सींगों पर एक कपड़ा बाँधकर उसे छोड़ देते हैं। विवाह करने के लिए जो लड़का आता है, उसे वह कपड़ा लाना पड़ता है। कभी-कभी साँड से मुकाबले में हारकर लड़का मारा भी जाता है।

एक अन्य प्रथा के अनुसार यदि लड़की जिद करे कि एक साथ दो वर आकांक्षी आएँगे तो दोनों लड़के उस लड़की के अगल-बगल बैठते हैं। वधू हँसते हुए छुरी निकालती है। दोनों की जाँघों में छुरी भोंक देती है। दोनों को पीड़ा सहन करनी पड़ती है। आँखों में आँसू तक नहीं आने चाहिए। दोनों में जो व्यक्ति अधिक सहनशील साबित होता है, उसी से लड़की विवाह करती है।

एक जनजाति में एक विचित्र प्रथा पाई जाती है। लड़का और लड़की दोनों किसी एक झाड़ी के पीछे जाते हैं। वहाँ पर लड़की लकड़ियाँ जलाती है। जलते अंगारों को वह युवक की भुजा या सीने पर रख देती है। लड़का अगर पीड़ा के कारण 'आह' तक बोलेगा तो उससे वह विवाह नहीं करती है। कुछ जातियों में लड़कीवाले लड़के से घर बनवाते हैं। कुछ लोग लड़की के पिता के घर में थोड़े दिन रहकर कामकाज करने के लिए कहते हैं। वह कितना भी धनवान हो, उसे यह कष्ट झेलना पड़ता है। परीक्षाओं में खरा उतरना पड़ता है नहीं तो उसका विवाह नहीं होता है।

हमारे देश में भी वर परीक्षाएँ होती थीं। धनुष तोड़ना, मत्स्य यन्त्र पर निशाना साधना आदि इसी तरह की परीक्षाएँ थीं। पिता अपनी बेटी को निर्बल, कायर और निकम्मे युवक के हाथों में देना नहीं चाहता था। इन परीक्षाओं में उत्तीर्ण हो जाने पर युवक कुरूप भी हो तो उसका विवाह हो जाता था।

ऐसे विवाहों में प्रेम का स्थान नगण्य होता था। वर-वधू की पसन्द या नापसन्द से विवाह का कोई सम्बन्ध नहीं था। केवल उपयोग की दृष्टि से ही देखा जाता था। इन परीक्षाओं में उत्तीर्ण होनेवाले वर से लड़की को विवाह करना ही पड़ता था।

मानव के सभ्य बनने के बाद शारीरिक बल की परीक्षाओं को छोड़कर बुद्धि की परीक्षा होने लगी। *मर्चेंट ऑफ वेनिस* की तरह कोई एक जटिल प्रश्न पूछा जाता, वर उसका उत्तर देता तो ही उसका विवाह होता। अर्थात् शारीरिक बल के बदले में बुद्धि-बल को प्रधानता मिलने लगी।

आज हमें ये सब विचित्र कथाएँ लगती हैं। किन्तु मानव के इतिहास में इनका ऊँचा स्थान है। हम यह भूल जाते हैं कि विवाह संस्कार के विकास में एक मंजिल पर इन विषयों का विशेष महत्त्व है। हम इस सत्य को जान नहीं पाते हैं कि विचारों में परिवर्तन आने के बावजूद इन प्रथाओं के लक्षण आज भी हमारे नित्य जीवन में विद्यमान हैं।

आज भी हमारे घरों में परीक्षाएँ ली जाती हैं। बड़े लोगों की इजाजत के बिना जो विंवाह होते हैं, उनमें भी कुछ योग्यताओं को प्रधानता दी जाती है। कभी-कभी कुछ रोचक बातें भी होती हैं। एक लड़की ने लड़के की कठिन परीक्षा ली। दो सिंह झगड़ रहे थे। लड़की ने अपना रुमाल धीरे से वहाँ छोड़ दिया और लड़के से रुमाल लाने के लिए कहा। लड़का मौका देखकर भागते हुए गया और रुमाल ले आया। लड़की को रुमाल देते हुए उसने कहा कि 'ये लो तुम्हारा रुमाल, मैं जा रहा हूँ।' बाद में लड़के ने लड़की का मुँह तक नहीं देखा।

आज भी वर-वधू परीक्षाएँ होती रहती हैं और आगे भी होती रहेंगी, भले ही हमारे पूर्वजों की तरह की इतनी क्रूर परीक्षाएँ नहीं होतीं, किन्तु आज भी लड़कियों की परीक्षाएँ ली जाती हैं। कामकाज सम्बन्धी प्रश्न पूछे जाते हैं। यहाँ तक कि चलकर दिखाने के लिए भी कहा जाता है।

मंगलसूत्र-चूड़ियाँ

असभ्य जातियों में युद्ध होना सामान्य परिघटना थी। आज भी सभ्य जातियों में लड़ाई-झगड़े होते ही रहते हैं। हम नित्य इस सत्य को देखते रहते हैं। उस जमाने में जब टोलियों में युद्ध होते थे तब विजेता टोलीवाले पराजित टोलीवालों की सारी सम्पत्ति पर कब्जा कर लेते थे। पशु, सम्पत्ति, धन-दौलत के साथ स्त्री-पुरुष भी विजेता टोली में आ जाते थे। पराजित टोली पर विजेता टोली का पूरा हक होता था। पराजित टोली की सारी स्त्रियाँ विजेता टोली के पुरुषों की दासियाँ बन जाती थीं। ये पुरुष इन स्त्रियों से अपनी कामेच्छा को पूरा करते थे। धीरे-धीरे नियम बदल गए। पराजित टोली की स्त्रियों पर विजेता टोली के सारे पुरुषों के बजाय जो व्यक्ति उन्हें लाता था, उसी का हक बनने लगा। उस व्यक्ति की अनुमति के बाद ही टोली के अन्य पुरुष उन स्त्रियों पर हक जमा सकते थे। कितनी भी स्त्रियों को उठाकर ले जाया जाता, उसमें कुछ गलत नहीं था। बल्कि वह एक गौरव की बात बन जाती थी। एक आस्ट्रेलियाई जनजाति के पुरुष के पास इस प्रकार

उठाकर लाई गई 23 स्त्रियाँ थीं। कुछ शोधकों ने खुद इस 'वीर' व्यक्ति को देखा और इसके बारे में ग्रन्थों में लिखा।

उस जमाने में स्त्रियों को वीर की तरह उठाकर लाना गौरव और योग्यता का विषय बन गया था। पति के रूप में योग्यता साबित करने के लिए पुरुष को इस प्रकार की वीरता दिखानी पड़ती थी। इसलिए दो टोलीवालों के बीच में लड़ाई-झगड़े होना और पराजित टोली की स्त्रियों को उठाकर लाना एक साधारण-सी घटना बन गई थी। इसी रिवाज के लक्षण 'एक्सागमी' पद्धति में दिखाई पड़ते थे। विवाह करने की इच्छा रखनेवाला व्यक्ति अपनी टोली की स्त्रियों से विवाह नहीं कर सकता था। वह दूसरी टोली की स्त्रियों से ही विवाह कर सकता था। बाद में यह एक नियम के रूप में परिवर्तित हो गया। पहले उठाकर लाने की प्रथा थी, बाद में पैसे देकर खरीदकर विवाह करने की प्रथा आई। यह पद्धति अमेरिका, एशिया, ऑस्ट्रेलिया, यूरोप आदि सभी महाद्वीपों के इतिहास में पाई जाती है। इसके कई प्रमाण भी मिलते हैं।

शत्रुओं को पराजित करके पुरुष उनकी स्त्रियों को अपने अधीन रखते थे। इसके प्रत्यक्ष प्रमाण हमारे ग्रन्थों में मिलते हैं। कुछ समय पहले तक हुए युद्धों में भी पराजित स्त्रियों के प्रति किए गए अपमानों के बारे में हमें पढ़ने को मिल जाता है। इसलिए राजपूत अपनी स्त्रियों को इस अपमान से बचाने के लिए युद्ध में जाते समय पहले उन्हें मारते थे और बाद में रणक्षेत्र में कूद पड़ते थे। नोढनलि[1] मल्लम्मादेवी[2] के मामले में यही तो हुआ था।

कृष्ण भी रुक्मिणी को उठाकर लाया और उससे विवाह किया। भीष्म भी अपने भाइयों के लिए इसी प्रकार स्त्रियों को उठाकर लाया। अर्जुन भी सुभद्रा को उठाकर लाया था। उठाकर ले जाने की प्रथा का प्रतिबिम्ब रामायण काल में भी मिलता है। रामायण की सीता, ट्रॉय युद्ध की हेलेन इसी के दायरे में आती हैं। विजेता का उठाकर लाई गई

---

1. आन्ध्र में एक प्रान्त है।
2. आन्ध्र की एक वीर वनिता।

स्त्री पर पूरा हक था। अगर वह पकड़ा जाता था तो उसे टोलीवाले मार डालते थे। अफ्रीका में एक जातिवाले पकड़े गए व्यक्ति के टुकड़े-टुकड़े कर खा जाते हैं।

आस्ट्रेलिया में आज भी एक प्रथा प्रचलित है। किसी स्त्री को उठाकर ले जानेवाला व्यक्ति अगर पकड़ा जाता तो उसे दूर खड़ा किया जाता है और टोली के लोग उस पर भाला फेंकते हैं। अगर वह व्यक्ति इनसे अपने आपको बचा लेता तो बच जाता है, नहीं तो भाला लगने से वह मर जाता है।

आज भी व्यक्ति के इतना सभ्य बन जाने के बावजूद विवाहों में, उठाकर ले जाने के रिवाज के लक्षण मिलते हैं। कई जगह धन देकर विवाह करते समय भी ऐसा नाटक खेला जाता है, मानो दूल्हा युद्ध कर रहा हो और शत्रु को हराकर स्त्री को उठाकर ले जा रहा है। यह कार्यक्रम होने के बाद ही विवाह संस्कार सम्पन्न होता है। अगर यह कार्यक्रम नहीं हो तो धन देने के बाद भी समझा जाता है कि विवाह नहीं हुआ।

ग्रीक सभ्यता के समय में भी ये लक्षण दिखाई पड़ते थे। हीब्रुओं में ऐसी प्रथा है। बाइबल में भी इसके बारे में वर्णन मिलता है। अगर यह कार्यक्रम नहीं हुआ तो मानो विवाह ही नहीं हुआ। बोजेल ने कहा था कि 'लड़ाई-झगड़े बगैर विवाह नहीं होता।' यूनान में वर की जातिवाले विवाह करते समय वधू के सर के बालों में एक भाला घुसाते हैं। इस प्रथा से यह सत्य प्रमाणित होता है कि वर की तरफ से लोग वीरता दिखाकर स्त्री को जीतकर लाए हैं।

तातार नामक जाति में वधू के गले पर एक रुमाल बाँधकर सर में बाण रखा जाता है। इसका अर्थ यही होता है कि बाणों के सहारे लड़की की टोलीवालों को पराजित करके जिस तरह पशु के गले में कपड़ा या रस्सी डालकर लाया जाता है उसी तरह स्त्री को भी लाया गया है।

आरम्भिक काल में तातार लोगों में कपड़ा बाँधने की प्रथा थी। बाद में कपड़े के बदले रस्सी बाँधने की प्रथा आ गई। आजकल वधू

के गले में धागा डालने की प्रथा पाई जाती है। यही गला सूत्र है। वधू के गले में डाला जानेवाला मंगलसूत्र इसी प्रथा (लड़की के गले में रस्सी या कपड़ा डालकर लाने की प्रथा, पहले भैंस, गायों आदि को भी इसी तरह लाया जाता था) का प्रतिबिम्ब है। पहले इस मंगलसूत्र के गोल आकार के बिल्ले में (0͝0) उभरे हुए भाग को नहीं रखा जाता था। केवल रस्सी ही बाँधी जाती थी। इसमें हल्दी भी लगाई जाती थी। भारत और अन्य देशों में इस रस्सी का स्वरूप एक जैसा नहीं था। कई जातियों के लोगों को मंगलसूत्र में डालनेवाले गोलाकार बिल्ले के बारे में मालूम ही नहीं था।

न्यूगिनी में सम्मति तथा लेन-देन के आधार पर विवाह होने पर भी वर को रात में चोरी से वधू को लाना पड़ता है। यह प्रथा निभाने के बाद ही विवाह सम्पूर्ण माना जाता है।

न्यूहेब्रिडीस में वर का दोस्त (जो बेस्टमैन कहलाता है) पहली रात को वधू के पास सोने का हकदार बनता है। वह रात में चोरी से वधू के घर में घुसकर उसका हाथ पकड़ता है। इसके साथ ही पाणिग्रहण हो जाता है। लड़कीवाले उसे मारने का नाटक करते हैं। प्रथा निभाने के लिए ऐसा नाटक खेला जाता है।

वोगोगो जाति में एक विचित्र प्रथा आज भी है। वर का दोस्त वधू को अपनी बाँहों में उठाकर भागता है।

सोमाली लैंड में वर वधू को उठाकर ले जाता है। कोरयाक् जाति में वधू बिना झगड़े नहीं जाती। विवाह में झगड़ा होने पर एक-दूसरे के साथ मारपीट के बाद ही वह अपने पति के साथ जाती है।

मंगोलिया में विवाह के दिन वर और वधू के परिवारवाले ऐसा नाटक करते हैं, मानो झगड़ रहे हों। असम में वधू की विदाई के समय लड़कीवाले मौके की ताक में रहते हैं और लड़केवालों से युद्ध करते हैं।

दक्खन प्लेटो में एक असभ्य जाति में वर लड़की को पीठ पर बिठाकर लाता रहता है। लड़की रोती रहती है। उस लड़की के दोस्त पत्थर फेंकते हैं। घर आने के बाद लगभग चार किलो वजन की पीतल की चूड़ियाँ उसके हाथों में डाली जाती हैं। आरम्भिक काल में तीन दिन

तक वधू के हाथों में बेड़ियाँ डाली जाती थीं। धीरे-धीरे ये प्रथा चूड़ियाँ पहनाने के रिवाज में बदल गई। आज भी ओढ्रदेश में जितनी ज्यादा वजन की चूड़ियाँ डाली जाती हैं उतना ही बड़प्पन समझा जाता है। चूड़ियों के मूल्य के कारण यह बड़प्पन का भाव नहीं आता। इसके पीछे बेड़ियाँ डालने की भावना झलकती है। सवर जाति में उठाकर ले जाना एक पुरानी प्रथा है।

कोच्चिन चीन में वर रात के अँधेरे में वधू के घर में घुसकर अचानक उसे आलिंगन में ले लेता है। वह अपने वस्त्र (जो भुजा पर डाला जाता है) से लड़की को बाँधता है। तब लड़कीवाले आते हैं। उसे गालियाँ देते हैं, पीटते हैं। यह सब नाटक ही होता है। बाद में सब मिलकर वर-वधू का विवाह करते हैं।

तिब्बत, भूटान, कोरिया आदि देशों में आज भी इस तरह लड़की को उठाकर ले जाने की प्रथा है। धर्मशास्त्रों में भी इस विवाह पद्धति का उल्लेख मिलता है। इस विवाह पद्धति को राक्षस विवाह कहा गया है। इसको निम्नस्तरीय विवाह समझा जाता है। साक्षात् महाविष्णु ने कृष्ण का अवतार लेकर इस प्रकार का विवाह किया जिसे हमारे शास्त्रज्ञों ने नीच विवाह की संज्ञा दी थी। बिना मन्त्रोच्चारण के विवाह सम्पन्न होना हमारे पंडितों को अच्छा नहीं लगा। इसलिए रक्मिणी विवाह को उन्होंने नीच विवाह कहा। एक ओर ऐसा कहते हुए शास्त्रज्ञों ने इस विवाह को महत्त्व दिया। उसे शाश्वत संबंध के रूप में उन्होंने स्वीकार किया। इसका मतलब क्या हुआ ? यह नीच विवाह भी बाकी उत्तम विवाहों के समान बन गया था। राक्षस विवाह उत्तम बन गया, या अन्य विवाह नीच विवाह बन गए ? सब अर्थहीन धर्मसूत्र हैं। अगर कृष्ण के बदले कोई दूसरा व्यक्ति रुक्मिणी को उठाकर ले जाता तब हमारे धर्मशास्त्र क्या कहते ? क्या उस विवाह को भी ये धर्मशास्त्र स्वीकार करते ?

लड़की उठाकर ले जाने की प्रथा कई देशों में पाई जाती है। कुछ जातियों में लड़के वधू को भुजाओं पर बलपूर्वक डालकर ले जाते हैं। कुछ जातियों में शहबाला वधू को उठाकर ले जाता है। कहीं-कहीं पर

पति पर चढ़नेवाली स्त्री वधू बन जाती है। संस्कृत में वरारोह माने पत्नी है। 'वर पर अवरोह करने वाली,' इसका अर्थ होता है कि पति पर सवारी करनेवाली। इसका कोई गूढ़ार्थ तो नहीं हो सकता। कुछ प्रथा भी उन दिनों ऐसी ही थी। किन्तु कुछ लोगों को यह अच्छा नहीं लगा। इसलिए इसका अर्थ इस प्रकार बताया जाने लगा कि वर माने श्रेष्ठ और आरोह माने वह स्त्री जिसके सुन्दर नितम्ब हों। शृंगार रस से इस शब्द (वरारोह) को जोड़ा गया है।

मुसुगुलो मुच्चटलु

'मुसुगुलो मुच्चटलु' एक तेलुगु मुहावरा है। इसका अर्थ है चादर की आड़ में प्रेमालाप। बहुसदस्यवाले छोटे घरों में जब दम्पति को (प्रेमी प्रेमिका) एकान्त का अवसर नहीं मिलता तब वे चादर की आड़ में अपना एकान्त बना लेते हैं। इस मुहावरे में एक प्रथा का प्रतिबिम्ब मिलता है। इसे अंग्रेजी में बंडलिंग[1] कहते हैं। इसे टारीइंग भी कहते हैं। उस जमाने में स्त्री-पुरुषों को यौन स्वतन्त्रता के लिए कई अवसर मिलते थे। बंडलिंग भी इसी प्रकार की यौन स्वतन्त्रता का एक अवसर है। आजकल की यूरोप की कोर्टिंग प्रथा को इसी रिवाज का अवशेष माना जा सकता है किन्तु उस जमाने की प्रथा तथा आज की कोर्टिंग में बहुत भेद है। इस जमाने की कोर्टिंग में स्त्री पुरुष शारीरिक सम्बन्ध नहीं रख सकते। तब ऐसा नहीं था। जब स्त्री-पुरुष बंडलिंग के दौर से

1. Bundling–to lie in bed together fully clad. An old custom in Wales and New England for sweet-hearts and others. Chamber's Twentieth Century Dictionry

गुजरते थे तो उन्हें मालूम हो जाता था कि वे बच्चे पैदा कर सकते हैं अथवा नहीं। पुरुष को यह पक्का मालूम हो जाता था कि उसकी प्रेमिका या पत्नी बच्चे पैदा कर सकती है या नहीं। बंडलिंग में चार-पाँच साल या उससे भी अधिक अवधि तक रहने के बाद दम्पतियों को मालूम हो जाता था कि वे बच्चे पैदा कर सकते हैं या नहीं। अगर प्रेमिका या पत्नी बाँझ के रूप में साबित हो जाती है तो पुरुष दूसरी औरत को ला सकता था।

इस तरह बंडलिंग या कोर्टिंग विवाह का एक नमूना है। प्रारम्भ में यह कार्यक्रम स्वेच्छा से होता था। किन्तु धीरे-धीरे खुल्लम-खुल्ला प्रेमालाप करने में दिक्कत होने लगी। जनसंख्या बढ़ने के कारण जगह कम होने लगी। गुफाओं में, कमरों में कई सदस्यों के साथ रहने के कारण भी दिक्कत होने लगी। सभी सदस्यों के सामने दम्पतियों का मिलना अच्छा नहीं लगता। स्त्री-पुरुषों को एकान्त मिलना मुश्किल हो गया। वे घर छोड़कर जंगलों में, झाड़ों के पीछे जाने लगे। जिस जगह पर वे मिलना चाहते थे, वहाँ पर एक पेड़ काटकर डाल देते थे। उस तरफ जानेवाले समझ लेते कि यहाँ पर कोई स्त्री-पुरुष हैं। कोई भी उधर नहीं जाता। पेड़ काटकर डालना एक चिह्न बन गया। यह चिह्न देखते ही लोगों को यह मालूम हो जाता कि यहाँ पर एक नमूना विवाह चल रहा है। कामकाज के चलते समय न मिलने के कारण और बहिरंग प्रदेश होने के कारण इस सम्पर्क के लिए दोपहर का समय ठीक नहीं लगने लगा। ऐसा सोचा गया कि इस कार्यक्रम के लिए रात ही ठीक रहेगी। हालाँकि तब भी घर में तो कई सदस्य रहते थे। इसलिए नमूने-विवाह के दम्पति एक ही चद्दर में सो जाते थे। यह प्रथा आज भी नीलगिरि की तोड़ा जाति में पाई जाती है।

यह बंडलिंग पद्धति कई देशों में व्याप्त थी। चद्दर में प्रेमालाप करने का अवसर लड़के को आसानी से नहीं मिलता था। पहले लड़की की सम्मति लेनी होती थी, बाद में उसके माँ-बाप की। अँधेरा होने के बाद युवक युवती के घर आता। बाहर से गाना गाता। तब लड़की का पिता पूछता कि कौन है ? युवक फिर अपना नाम बताता था। बाप को

अगर युवक पसन्द आ जाता तो अपनी बेटी से कहता कि आग-फूँको। युवक अन्दर आता है। फिर युवती-युवक दोनों मिलकर एक चादर ओढ़ लेते। अगर पिता की अनुमति नहीं मिलती तो युवक घर के अन्दर नहीं आ सकता था। पिता की सम्मति मिलने के बाद बेटी की सम्मति भी जरूरी थी। अगर युवती चाहती है तो ही युवक दूसरे दिन भी आ सकता था। यह हक केवल स्त्री को ही था। अगर पहले युवक को वह नापसन्द कर देगी तो ही दूसरा युवक प्रयत्न कर सकता था। बंडलिंग की अवधि स्थायी नहीं होती थी। एक बच्चा पैदा होने के बाद स्थायी विवाह किया जाता था।

मलेशिया में भी यह रिवाज पाया जाता था। सभी युवतियाँ, जो विवाह करना चाहती थीं, रात में भोजन करने के बाद एक कमरे में आ जाती थीं। इस कमरे को उनकी भाषा में पोट्मा कहते हैं। एक प्रकार से यह कमरा प्रेमियों का केलिका गृह होता था। जो युवक विवाह करना चाहते थे (जो परीक्षाओं में उत्तीर्ण होकर विवाह के लिए योग्य बन जाते थे) इस पोट्मा के बाहर बैठ जाते ! इनमें से कोई एक युवक अन्दर जाकर कहता कि फलाँ-फलाँ युवक आए हैं, आप सम्मति देंगे क्या ? जिस युवती को जो नाम पसन्द आता वह उस नाम के व्यक्ति को बुलाकर अन्दर ले जाती थी। बचे हुए युवक घर लौट जाते थे। स्त्री-पुरुष उस रात कामक्रीड़ाओं का आनन्द लेते थे। युवती जिसके साथ रात-भर रहती, उस युवक से दूसरे दिन आने के लिए कहती, तभी युवक दूसरे दिन भी आ सकता था। अगर मना करने पर भी वह दूसरे दिन पोट्मा के पास आता तो भी युवती उसे स्वीकार नहीं करती। 'कल आओ' यह शब्द स्त्री के मुँह से ही आना होता था। पुरुष के मुँह से यह बात कभी नहीं आनी चाहिए थीं कि 'मैं कल आऊँगा'। ऐसा कहना अपयश और अपमान समझा जाता थी। यह 'पोट्मा में रहने की पद्धति' कई महीनों तक चलती रहती थी। चार-पाँच महीनों के बाद अगर स्त्री को पसन्द नहीं आता तो पुरुष को दूसरा रास्ता देखना पड़ता था। हालाँकि स्त्री पोट्मा के पास आती रहती थी।

कुछ जातियों में नमूना विवाह के लिए युवक युवती के घर

जाता। युवती को युवक पसन्द आता तो युवक के आते ही वह दीया बुझा देती। अपनी सहमति व्यक्त करने के लिए यह एक इशारा होता था। युवक घर के अन्दर आ जाता था। तब नमूना विवाह के लिए दम्पति चादर ओढ़ लेते। पापुवन नामक जाति में युदक एक सिगार युवती की माँ या रिश्तेदार के पास भेजता था। अगर युवती सिगार लेकर पीती तो समझ लिया जाता था कि उसे युवक पसन्द है। तब युवक युवती के पास आता। अगर युवती सिगार वापस कर देती तो युवक समझ लेता कि युवती को वह पसन्द नहीं।

शव विवाह

मानव जीवन में विवाह संस्कार का महत्त्वपूर्ण स्थान है। समाज में यह धारणा बन चुकी है कि बिना विवाह किए कोई स्त्री-पुरुष मर जाए तो पाप होगा। उसे मुक्ति नहीं मिलेगी। इसलिए एक वय आते ही विवाह करना एक प्रथा बन गई। एक वय होते ही परिवारवाले लड़की-लड़के का विवाह तय कर देते हैं। लड़की तथा लड़के के परिवारवाले 'ऐंगेजमेंट' नामक कार्यक्रम आयोजित करते हैं। यह कार्यक्रम होते ही रिश्ता पक्का हो जाता है। अविवाहित व्यक्ति को समाज में कोई महत्त्व नहीं है। पुरुष का विवाह नहीं हुआ हो तो उसे निकम्मा, अयोग्य, परीक्षा में अनुत्तीर्ण-असमर्थ व्यक्ति के रूप में समाज देखता है। इसलिए तो अविवाहित रहना शर्म की बात बन गई। लोग अविवाहित पुरुष को यह कहते हुए अपमानित करते हैं कि इसे मूँछ-दाढ़ी तो आ गई, मगर क्या फायदा ? यह नपुंसक है, किसी लड़की को पटा नहीं सका। स्त्री के विषय में कहेंगे कि इसे कामकाज कुछ भी नहीं आता। यह एकदम बुद्धू है नहीं तो अब तक कोई पुरुष इससे विवाह कर लेता। इसलिए माँ-

बाप अपनी सन्तानों का विवाह जितना जल्दी हो सके, उतनी जल्दी करने की कोशिश करते हैं।

पहले जमाने में कोई भी स्त्री-पुरुष अविवाहित नहीं रहते थे। सबको यह विश्वास हो गया था कि लड़का एक वय आते ही युवक बन जाता है, इसी तरह वय आते ही विवाह भी कर लेता है। लड़की एक वय आते ही जिस तरह रजस्वला बन जाती है उसी तरह एक वय आते ही विवाह भी कर लेती है। बाल्यावस्था, यौवन, वृद्धावस्था जिस तरह मानव के जीवन में मंजिल बनकर आते हैं उसी तरह विवाह भी एक मंजिल बन गया। आदतों तथा प्रथाओं में शक्ति बहुत होती है। कोई भी इन जड़ों को उखाड़कर फेंक नहीं पाता है।

किसी युवक को देखते ही हम यह पूछ बैठते हैं कि 'तुम्हारा विवाह हो गया ?' किन्तु यह नहीं पूछते कि 'विवाह करेगा क्या ?' क्यों नहीं पूछते ? हमें यह विश्वास हो चुका है कि हर कोई विवाह तो करेगा ही। नहीं करता तो क्या करेगा ? इस संस्कार को कैसे ठुकरा सकता है ? इस मंजिल पर नहीं आएगा तो जीवन यात्रा पूरी कैसे होगी ? भोजन की तरह विवाह करना भी अनिवार्य है। जिस तरह हम यह पूछते हैं कि 'भोजन किया है क्या ?' इसी तरह पूछते हैं कि 'विवाह हो गया है क्या ?' भोजन जिस तरह एक नित्यक्रम बन गया है, उसी तरह विवाह करना भी जीवन का एक अनिवार्य कार्य बन गया है। एक ग्रन्थ रचयिता के अनुसार, मृत्यु की तरह विवाह भी एक अनिवार्य मंजिल है। इससे कोई बच नहीं पाता है।

मान का जन्म, वृद्धि, मरण आदि सृष्टि के लिए अनिवार्य हैं। हमें पसन्द हो या न हो, ये कार्य चलते ही रहते हैं। प्रकृति यही चाहती है कि स्त्री-पुरुष सहवास करें, सन्तान उत्पन्न करें और सृजन कार्य में सहायक बनें। इसके लिए प्रकृति में कोई नियम नहीं, शास्त्र नहीं। बच्चे चाहे वेश्या को पैदा हों, चाहे पतिव्रता को, सृष्टि को कोई फर्क नहीं पड़ता है। सृष्टि की दृष्टि में समाज में नियमों का कोई महत्त्व नहीं है। उसके लिए विवाह एक अप्रधान विषय है। इसे मानव ने ही बनाया है।

सृष्टि की सृष्टि में इतना अप्रधान विषय होने पर भी इसकी

व्यापकता को देखकर विवाह को एक प्रधान स्थान मिल चुका है। जन विवाह को एक पुण्य कार्य मान लिया गया तब विवाह न होना एक महापाप बन गया। कुछ जातियों में विचित्र प्रथाएँ पाई जाती हैं। अगर कोई बालिका मर जाए तो उस बालिका का विवाह उसके पहले ही मर चुके किसी बालक के साथ 'श्मशान विवाह' के रूप में करते हैं। इसी तरह अगर बालक मर जाए तो किसी मृत बालिका से 'श्मशान विवाह' किया जाता है।

अफ्रीकी लोगों के विचार में जो लड़का-लड़की बिना विवाह के ही मर जाते हैं, उन दोनों का 'श्मशान विवाह' करने से उनके सूक्ष्म शरीर विवाह करेंगे, तब महापाप का परिहार हो जाता है। तार्तार नामक देश में आज से 500 वर्ष पहले एक शव विवाह को मार्को पोलो नामक इटालियन ने खुद देखा था। उन्होंने लिखा था, मैं सामने घटित घटना का वर्णन कर रहा हूँ। एक लड़की तथा लड़का अविवाहित ही मर गए। दोनों परिवारवालों ने यह निश्चय किया कि मृत लड़का और लड़की का विवाह संस्कार करना चाहिए। आह्वान पत्रिका छपवाकर सब लोगों को बुलाकर बड़ी धूमधाम से 'श्मशान विवाह' किया गया। विवाह में दोनों परिवारवालों ने काफी धन व्यय किया था। लग्न पत्रिका, दहेज पत्रिका लिखी गई। लड़कीवालों ने लड़केवालों की पत्रिकाएँ ले लीं, और लड़केवालों ने लड़कीवालों की। बाद में दोनों परिवारवालों ने मिलकर इन पत्रिकाओं को आग में डाल दिया। इसके पीछे कारण क्या हैं ? आप जानना चाहेंगे ? पूरा नाटक हो चुका अब इन पत्रिकाओं से क्या काम ? यह समझकर उन्होंने आग में नहीं फेंका। उनका विश्वास है कि आग में डालने से उस 'शव दम्पति' को अग्निदेव पत्र दे देता है। वहाँ पुरुष-शव पहचान लेगा कि फलाँ स्त्री-शव मेरी पत्नी बन गई है। स्त्री भी अपने पुरुष को पहचान लेती है। तब पाप परिहार हो जाता है। इस तरह दो जीवों को मुक्ति मिलती है।

लेकिन शव कल्याण होने के बाद कहानी खत्म नहीं होती है। लड़कीवाले और लड़केवाले दोनों के बीच में सम्बन्ध हमेशा के लिए बना रहता है। दोनों परिवारवाले असली समधियों की तरह ही रहते हैं।

एक-दूसरे को तीज-त्योहार पर बुलाते रहते हैं और प्रीतिभोज देते रहते हैं। इनको इसकी कोई परवाह नहीं होती है कि वर वधू इस दुनिया में नहीं हैं।

'नंग नंग' फिजी निवासियों की देवी है। वहाँ एक मान्यता है कि बिना विवाह के जो मर जाते हैं, उनकी आत्माओं को देवी सताती रहती है। काफर में, अमेरिका में और भारतवर्ष के लोगों में एक विश्वास है कि बिना विवाह मर जाना महापाप है। एक-दूसरे के काम में हाथ बँटाने के लिए, बाल-बच्चे पैदा करके घर बसाने के लिए स्त्री-पुरुषों के बीच होनेवाला एग्रीमेंट विवाह, इस तरह मानव जीवन के लिए एक कट्टर नियम के रूप में परिवर्तित हो गया।

शव कल्याण करने की प्रक्रिया में कई पुरोहित भी रहते थे। चीन में इन पुरोहितों को मध्यवर्ती कहते हैं। मृत अविवाहितों के रिश्तों को ये तय करते हैं। पुरोहित दक्षिणा भी लेते हैं। पुरोहित और दोनों परिवारवाले खाने की चीजें, कपड़े आदि लेकर कब्रों के पास जाते हैं। वर-वधू की कब्रों के पास दो पाट डालते हैं। इनके पास दो झंडे खड़े किए जाते हैं। लाया गया पूरा सामान वहाँ रख दिया जाता है। मृत वर-वधू को विवाह के लिए आमन्त्रण देते हैं। पाटे के पास जो झंडे होते हैं वे हिलते हैं। झंडे हिलते ही वर ने अपनी सम्मति प्रकट की है, कहकर वर के घरवाले तथा वधू के तरफवाले खुशी से झूम उठते हैं। बाद में पुरोहित जिस तरह जिन्दा वर-वधू का विवाह करते हैं उसी तरह इन मृत वर-वधू का भी शास्त्र के अनुसार विवाह कराते हैं। डीग्रू नामक शोधक ने लिखा था कि इस तरह मृत वर-वधू के विवाह करते-करते कई पुरोहित धनवान बन गए। मृत बच्चों के विवाह से उन्हें पुण्य मिले न मिले, अविवाहित बच्चों का पाप परिहार हो न हो, किन्तु पुरोहितों के घर धन से भर जाते थे।

बाल विवाह

लोगों के मन में यह विश्वास बैठ चुका है कि विवाह एक अनिवार्य संस्कार है। बिना विवाह किए जो मर जाएँ उनके शवों का विवाह करना चाहिए। धीरे-धीरे एक नया विचार लोगों के मन में आया। बच्चे जब छोटे रहते हैं तभी अगर विवाह संस्कार सम्पन्न कर दिया जाए तो बाद में शव-कल्याण करने का झंझट नहीं रहेगा। विवाह-संस्कार एक मन्नत की तरह बन गया। जितनी जल्दी यह काम किया जाए, उतना ही अच्छा होगा। इस झंझट से छुटकारा पा सकेंगे। इस तरह बाल विवाह करने की प्रथा शुरू हो गई।

लोग मासूम भोले-भाले बच्चों का विवाह करने लगे। किसी एक देश में नहीं, सारी दुनिया में यह रिवाज चलने लगा। बच्चों के पैदा होने के पहले ही निर्णय कर लिया जाता था कि किस लड़की का विवाह किस लड़के से किया जाएगा। कभी-कभी चार साल की लड़की का विवाह चालीस साल के पुरुष से कर दिया जाता था।

तब बाल विवाह लड़कियों के लिए अभिशाप नहीं थे। विवाह

होने के बाद पति मर जाए तो भी बहू विधवा का जीवन व्यतीत करती हुई घुट-घुटकर नहीं मरती थी। वैधव्य दुःख उसे नहीं था। अगर पहला पति मर जाए तो दूसरा पुरुष उस विधवा से विवाह कर लेता था। अगर दूसरे की भी मृत्यु हो जाए तो तीसरा पुरुष उससे विवाह कर लेता था। आजकल जैसा यह नियम नहीं था कि विधवा पुनर्विवाह नहीं कर सकती थी। बल्कि उस जमाने में विधवा विवाह करना अनिवार्य था। इसलिए उन दिनों में बाल विवाहों से न कोई नुकसान था, न कोई दुःख।

धीरे-धीरे बाल विवाह एक महत्त्वपूर्ण रिवाज बन गया। अविवाहित बालिका को घर में रखना खानदान के लिए अपयश था। अड़ोस-पड़ोसवाले उस घरवालों को यह कहते हुए हीनदृष्टि से देखते थे कि ये घरवाले किसी काम के नहीं, बालिका का विवाह तक ये नहीं कर सके। कोई भी उस घर में नहीं जाता था और लोग पानी तक नहीं पीते थे।

हमारे पुराने ग्रन्थों में इस विषय से सम्बन्धित कई कहानियाँ मिलती हैं। एक साधु किसी के घर गया। घरवालों ने इसका हृदयपूर्वक स्वागत किया। जब भोजन के लिए वह साधु बैठा तब उसे मालूम हुआ कि उस घर में अविवाहित बालिका है। बस तुरन्त वह सामने से पत्तल हटा देता है, हाथ धो लेता है। वह आगबबूला हो गया। छिः-छिः कहते हुए चला गया। अगर फसल अच्छी नहीं हुई या गाँववाले बीमार पड़ जाएँ तो किसी अविवाहित बालिका का उस गाँव में रहना ही इसका कारण माना जाता था। अविवाहित बालिका का घर में रहना अपमानजनक तथा गाँव के लिए अशुभ माना जाता था।

बाल विवाह क्यों किया जाए ? इसके लिए हमारे बुजुर्ग कुछ कारण बताते हैं। कन्यादान से पुण्य मिलता है। कन्या माने आठ साल की बालिका होती है, कुछ पंडितों के विचार में कन्या माने दस साल की बालिका है। इसी वय में विवाह करना चाहिए। कुछ बुजुर्गों का कहना है कि बालिका के रजस्वला होते ही विवाह करने से उसका यौवन जंगल की चाँदनी नहीं बनेगा। कुछ बुजुर्ग इस प्रकार कहते हैं कि मुसलमान सुलतान सुन्दर बालिकाओं को देखते ही विवाह करने का प्रस्ताव रखते

थे या उठाकर ले जाते थे। तब यह कहने से कि इस बालिका का विवाह हो चुका है। सुलतान अपना प्रयत्न छोड़ देता था। किन्तु ये सब कारण अर्थहीन मालूम होते हैं। क्या नवाब की वासना को विवाहित बालिका नहीं पूर्ण कर सकती थी ?

पातिव्रत

विवाह संस्कार स्त्री तथा पुरुष दोनों के लिए एक सामाजिक बन्धन है। किन्तु यह मुख्यतः स्त्री के लिए बेड़ी बन गया। विवाह होते ही स्त्री का जीवन बहुत कुछ बदल जाता है। पुरुष ने ऐसे कई नियम बना लिए ताकि स्त्री अपने हक के लिए भी न लड़ सके। पुरुष किसी के साथ भी जा सकता है। इसमें कुछ गलत नहीं माना जाता। विवाहिता को पराए पुरुष को आँख तक उठाकर नहीं देखना चाहिए। पुरुष यह काम करे तो रसिक कहलाएगा। किन्तु स्त्री यह काम करे तो कुलटा कहलाएगी। पुरुष गाली दे तो भी, मारे-पीटे तो भी, कुछ भी किए जाए, विरोध में मुँह खोलने के लिए स्त्री को अनुमति नहीं दी गई।

स्त्री के इस दासत्व को पातिव्रत नाम दिया गया। पुरुष ने पातिव्रत की तारीफ की, इसे एक पवित्र धर्म माना, कहानियाँ गढ़ीं, पुराणों की कल्पना की। बेचारी नारी यही महाभाग्य समझकर चुप बैठ गई। कितनी भोली है वह। पतिव्रता कहलाने के लिए उसने अपना जीवन अर्पित कर दिया। वह जीवन-भर प्रयत्न करती रहती है कि

पातिव्रत धर्म भंग न हो। किन्तु मैं आपको एक नग्न सत्य बताता हूँ। पातिव्रत धर्म पुरुष के लिए बिल्कुल गौरव की बात नहीं। उसकी दृष्टि में वह इतना पवित्र भी नहीं। यह स्त्री के मुट्ठी में रखने के लिए फेंका गया एक जाल मात्र है। इस तरह कहने के पीछे कई कारण हैं। सचमुच अगर पातिव्रत धर्म इतना महान होता या वह महान है, ऐसा पुरुष ने सोचा तो भला अपनी पत्नी को पराए पुरुष के पास क्यों भेजता (अतिथि सत्कार के समय, पुत्र प्राप्ति के लिए, आजकल तो धन के लिए भी) ? वह खुद पराए पुरुष की पत्नी का धर्म क्यों तोड़ता है ?

अतिथि घर आए तो अपनी पत्नी को उसके पास भेजने की प्रथा चीन में, ग्रीस में, अमेरिका में व आस्ट्रेलिया में भी पाई जाती है। हमारे 'आन्ध्रनैषध्यकर्ता' श्रीनाथ[1] के समय में भी ऐसे ही अतिथि सत्कार किया जाता था।

1. तेलुगु के प्राचीन कवि।

कीडु तीयडं अंटे !

'कीडु तीयडं अंटे' तेलुगु का मुहावरा है। इसका अर्थ है, 'विपत्ति को टालना'। भूतों के प्रभाव से सयानी लड़की की रक्षा करने की क्रिया के सन्दर्भ में पहले पहल यह मुहावरा चल पड़ा। आरम्भिक काल में समाज में जो लड़की रजस्वला होती थी, उसके बारे में आज के जैसे नहीं बल्कि अलग ही विचार व्याप्त थे। जो लड़की रजस्वला हो जाती है उसे भूत के समान देखा जाता था। समाज में यह मान्यता प्रचलित थी कि सयानी लड़की भूत होती है और अन्य कई भूत-पिशाच लड़की के आश्रय में रहते हैं। लोगों को यह भी भय रहता था कि सयानी लड़की को स्पर्श करने ये से भूत उन्हें पकड़ लेंगे। उसके पाँव जमीन को छुएँगे तो वहाँ घास तक नहीं उगेगी, फसल नहीं होंगी। उसकी हवा तक लगने से पेड़ों पर फल नहीं होंगे। इसलिए रजस्वला होते ही ऐसी लड़की को पत्तों पर (आजकल चटाई) बिठाने की प्रथा बन गई। उसे पत्थर पर बिठाया जाता। उसे कोई स्पर्श नहीं करता। आज भी यह प्रथा कई जगहों पर दिखाई पड़ती है। लोगों में यह विश्वास था कि भूत-पिशाच

लड़की के अंगों को नुकसान पहुँचाएँगे। इससे बचने के लिए वे कई उपाय ढूँढ़ने लगे। आन्ध्र में लड़की के रजस्वला होने के बाद चिम्मिलि[1] बाँटने का रिवाज है। भूत-पिशाचों को दूर भगाने के लिए उस लड़की से तरह-तरह के वेश धारण कराने की प्रथा आज भी तमिलनाडु में पाई जाती है। ये सब काम अक्सर वयोवृद्ध लोग ही करते हैं। छोटी उम्रवालों को रजस्वला स्त्री के पास नहीं जाने दिया जाता। वयोवृद्ध इसलिए नजदीक चले जाते हैं कि भूत-पिशाच उन्हें पकड़ भी लें तो भी कोई बात नहीं थी क्योंकि उनकी उम्र काफी हो चुकी है और वे मर जाएँ तो किसी का कुछ नुकसान नहीं। इतनी सावधानी बरतने पर भी ये भूत छोड़ देंगे क्या ? अगर नहीं छोड़ेंगे तो उस लड़की से जो पहली बार सहवास करेगा उसका क्या होगा ? भूत उसे नहीं मार डालेंगे ? इसीलिए कोई भी उसके साथ पहली बार सहवास करने के लिए तैयार नहीं होता है। उन्होंने इसका एक उपाय ढूँढ़ निकाला। रजस्वला के साथ पहली बार कोई वृद्ध जाकर सहवास करता है। अगर भूत पकड़ेंगे तो भी उस बूढ़े को ही पकड़ेंगे और मार डालेंगे। पहले से ही मरणासन्न वह वृद्ध मर भी गया तो भी किसी का कुछ नुकसान नहीं होनेवाला है। बाद में कोई भी युवक उसके साथ रह सकता है। दूसरी बार उसके कौमार्य को भंग कर सकता है। इस बारे में एक और रिवाज भी प्रचलित है। एक पेड़ को वर बनाया जाता है। जो लड़की पहली बार रजस्वला हुई हो उस लड़की की उस पेड़ के साथ सुहाग रात मनाई जाती है। सुबह उठकर उस पेड़ को काटकर फेंक दिया जाता है। इसका अर्थ यही होता है कि 'पेड़-वर' को भूतों ने मार डाला। अब दूसरा कोई भी पुरुष उस स्त्री के साथ रहेगा तो उसे कुछ भी नुकसान नहीं होगा, न ही कोई अशुभ घटेगा।

आज भी हमारे समाज में भूतबाधा निकालने के लिए वर के रूप

---

1. चिम्मिलि तेलुगु शब्द है। तिल तथा गुड़ को मिलाकर कूटा जाता है। इस मिश्रण को चिम्मिलि कहते हैं। जब लड़की पहली बार रजस्वला होती है तब उस लड़की को घर की बड़ी-बड़ी स्त्रियाँ दूर एक कोने में बिठा देती हैं। सुहागन औरतें ऊखल में गुड़ तथा तिल डालकर मूसल से कूटती हैं। गीत गाती हैं। यह प्रथा आज भी आन्ध्र में विद्यमान है।

में केले के पेड़ के साथ विवाह करने की प्रथा है। कालान्तर में यह रिवाज प्रचलित हो गया कि राजा या आचार्य या पुरोहित ही लड़की से पहली बार सहवास कर सकता है। धीरे-धीरे यह एक कट्टर नियम के रूप में बदल गया। आरम्भिक रात में पहले सहवास के लिए जो भी जाया करता था, उसमें स्वार्थ की भावना नहीं होती थी। लड़की की भूत-बाधा निकालना ही उसका एकमात्र उद्देश्य होता था। धीरे-धीरे यह भावना लुप्त होती गई। केवल अपने स्वार्थ के लिए, अपनी खुशी के लिए, राजा, आचार्य, पुरोहित गाँव की लड़कियों से पहली बार सहवास करने के लिए तैयार रहने लगे।

छल्ले और अँगूठियाँ

आरम्भिक काल में स्त्री-सौन्दर्य का कोई महत्त्व नहीं होता था। आभूषण, जैसे कि मंगलसूत्र, छल्ले और अँगूठियाँ आदि पहनाने के पीछे भी कुछ कारण थे। पहले इनका रूप अलग था। पहनाने के पीछे भी अलग भावना थी। किन्तु आज रूप बदल चुका है। कुछ गाँववालों में यह भावना दिखाई पड़ती है कि विवाहित स्त्री को सज-धजकर नहीं रहना चाहिए। आज भी गाँवों में जो स्त्री सुन्दर दिखने के लिए सज-धजकर रहती है, लोग उसे निम्न दृष्टि से देखते हैं। किसी ने एक पत्नी से पूछा कि बाल नहीं सँवारे, आभूषण नहीं पहने, क्यों क्या हुआ ? तो उत्तर यह मिला कि रहने दो ! अब कैसे भी रहूँ तो क्या होगा। कोई फर्क नहीं पड़ता क्योंकि मैं विवाहिता हूँ, किसी की घरवाली हूँ। प्रायः वह यही समझती होगी कि पातिव्रत उसके अस्त-व्यस्त केश विन्यास पर चमक रहा है।

कुछ देशों में पराए पुरुषों के अपनी स्त्री के प्रति आकर्षित न होने के लिए, पुरुषों द्वारा स्त्रियों को कुरूप बनाने की प्रथा भी पाई

जाती है। उनके नाक तथा कान काट दिए जाते हैं, दाँत निकाल दिए जाते हैं। सभ्य समाज में भी इस प्रकार की धारणाएँ व्याप्त हैं, हालाँकि कुछ परिवर्तन बेशक हुए हैं। पति पास रहे तो पत्नी के सज-धजकर रहने में कोई आपत्ति नहीं है। किन्तु पति परदेस गया हो, या पास नहीं हो तो पत्नी को न आभूषण पहनना चाहिए न अच्छे क़पड़े। शास्त्रों में भी इस बारे में कुछ नियम मिलते हैं। पति पास नहीं हो तो पत्नी को न मुँह धोना चाहिए, न बाल सँवारने चाहिए, न तिलक लगाना चाहिए, न स्वादिष्ट भोजन खाना चाहिए। तब और आज भी पुरुष के विचार में स्त्री उसकी सम्पत्ति के अलावा कुछ नहीं है। अपनी सम्पत्ति को कुछ भी अनुभव होना वह कदापि सहन नहीं करता है।

इसलिए विवाहिता को देखते ही पहचानने की जरूरत महसूस हुई। पुरुष सबको यह जतला देना चाहता है कि उसने अमुक स्त्री से विवाह किया है, ताकि पराए पुरुषों की दृष्टि उस पर न पड़े। वह चाहे मारपीट, लड़ाई-झगड़ा करके उसे लेकर आया हो या कन्या-शुल्क देकर लाया हो, उसे सारे समाज को बतलाना पड़ता है कि किस स्त्री से उसने विवाह किया है। इसीलिए ढिंढोरा पीटने की पद्धति आई। विवाह के समय बाजे के साथ ढिंढोरा पीटा जाता है। कोई व्यक्ति किसी स्त्री से विवाह करे इसमें इतना हंगामा क्यों ? इसी तरह लड़की रजस्वला हो जाए तो भी बड़ा कार्यक्रम करने की प्रथा है। उस मौके पर भी बाजा बजता है, सबको प्रीति-भोज दिया जाता है इसके पीछे भी कुछ कारण हैं। परिवारवाले इस तरह का कार्यक्रम करके सबको यही बताना चाहते हैं कि उनकी लड़की सयानी हो गई है और विवाह करके बच्चे पैदा करने लायक बन गई है। यह पूरा हंगामा एक 'रजिस्ट्रेशन' की तरह होता है। किसी गजेट के विज्ञापन जैसा है।

विवाहिता के लिए कुछ चिह्न भी बनाए गए। गोदना ऐसा एक मुख्य चिह्न है। मंगलसूत्र, चूड़ियाँ, छल्ले आदि भी विवाहिता के चिह्न हैं। कौड़ियों से, मगरमच्छ की हड्डियों से भी चिह्न बनाए जाते हैं। आरम्भिक काल में जिस तरह रस्सी डालकर भैंस-बकरियों को अपने घर लाया जाता था, उसी तरह दूसरे घर की लड़की के गले में रस्सी डालकर अपने

घर लाया जाता था। इसी रस्सी ने मंगलसूत्र का रूप धारण कर लिया। यानी इसमें दासत्व की भावना निहित है। औरतों को उठाकर अपने घर लाने के बाद उनके हाथों में तथा पाँवों में बड़ी-बड़ी वजनदार बेड़ियाँ डाल दी जाती थीं। बाद में बेड़ियाँ डालना वधू-परीक्षा बन गई। इतनी वजनदार बेड़ियों को सहन करती हुई जो लड़की काम करती थी, वह विवाह योग्य समझी जाती थी। धीरे-धीरे इन बेड़ियों ने ही चूड़ियों तथा छल्ले का रूप धारण कर लिया। आज छल्ले तथा चूड़ियाँ स्त्रियों के लिए आभूषण बन चुके हैं। इसके पीछे भी दासत्व की भावना निहित है।

बसूरो नामक जाति में विवाह के दिन बैल को मारकर उसके जल कम्बल से दो टुकड़े निकाले जाते हैं। एक टुकड़े से वर के हाथ का कड़ा बनाया जाता है। दूसरे टुकड़े से वधू के हाथ का कड़ा बनाते हैं। गले की रस्सी को जब मंगलसूत्र कहा जाता है तो इसे क्या कहा जाएगा ? मंगल कड़ा कहेंगे ?

अँगूठियाँ बनाना भी एक पुराना रिवाज है। कुछ शोधकर्ताओं का कहना है कि अँगूठी तथा स्त्री-पुरुष की सहवास-क्रिया के बीच में कुछ सम्बन्ध था। अफ्रीका, अमेरिका व भारत में भी यह मान्यता रही है। वर-वधू की उँगली की माप लिये बिना ही अँगूठी बनवाई जाती थी। विवाह के दिन इसे दुल्हन को पहनाया जाता था। यह देखा जाता था कि कौन सी उँगली में वह ठीक तरह से बैठ रही है। ढील तथा कसाव के अनुसार उनके वैवाहिक जीवन का अन्दाजा लगाया जाता। इन अँगूठियों पर कुछ अश्लील परिहास भी किया जाता था।

छल्ले भी अँगूठी तथा मंगलसूत्र की तरह विवाहिता के चिह्न हैं। इनके आधार पर वैवाहिक जीवन के बारे में अन्दाज लगाया जाता है। पहले इन पर अश्लील हास-परिहास भी होता था। आज छल्ले पहनाए जाते हैं, किन्तु पहले की तरह हास-परिहास नहीं होता क्योंकि इसके पीछे की भावना को हम भूल गए हैं। वर-वधू के बीच सहवास हो गया है, सबको यही बताने के लिए कुछ रस्में निभाई जाती थीं। हाथ मिलाते थे पाणिग्रहण के नाम से। अमेरिका में एक प्रथा थी कि वर द्वारा पिया

गया सिगार वधू लेती और पीती थी। वर-वधू एक ही थाली में खाते भी थे। कहीं-कहीं यह भी रिवाज था कि एक ही कौर में से आधा दुल्हन खाती तो आधा दूल्हा खाता था। आज भी ईसाई लोग 'ब्राइडल केक' के नाम से इसी प्रथा को निभाते हैं। हमारे यहाँ बुव्वबंति[1] इसी प्रकार की एक रस्म है। कुछ प्रदेशों में एक भगोने में शराब डाली जाती है, वर-वधू उसमें से आधा-आधा पीते हैं। हमारे भारतीयों में 'वदनेत तांबूल दानम्' नाम से यह रिवाज निभाया जाता है। पहले वर ताम्बूल देता है। बाद में प्रतियाचितैः के नाम से दुल्हन के मुँह से दूल्हा ताम्बूल लेता है। आज भी विवाह संस्कार में हम कई प्रथाएँ निभाते तो हैं किन्तु उनके पीछे की मूल भावना हम भूल चुके हैं। अगर यह पूछा जाए कि विवाहिता स्त्री के लिए ये चिह्न क्यों ? इस पर उत्तर मिलेगा कि अगर कोई भी पुरुष विवाहिता के प्रति आकर्षित हो जाए और उसे यह मालूम न हो कि वह शादीशुदा है तो उसे दुःख होगा। इसलिए यह सबको मालूम होना चाहिए कि फलाँ-फलाँ लड़की का विवाह हो चुका है। पराए पुरुष की दृष्टि उस पर नहीं पड़नी चाहिए।

---

1. आन्ध्र में वैवाहिक संस्कार की एक रस्म।

विवाह में पुरोहित

किसी भी विवाह-पद्धति को लिया जाए, तो सबमें एक ही सत्य व्यक्त होता है कि उसमें वर-वधू का और वर-वधू के परिवारवालों का महत्त्व अधिक है। किन्तु कालान्तर में विवाह संस्कार के साथ पुरोहित भी जुड़ गया। पुरोहित को इतना महत्त्व दिया गया है कि पुरोहित (पंडित) के बिना विवाह संस्कार पूर्ण नहीं हो सकता, वह अपूर्ण और अपवित्र रह जाता है। अब समाज में यही धारणा बन चुकी है कि विवाह संस्कार धर्म से जुड़ा हुआ है, इसलिए पुरोहित का रहना अनिवार्य है। वैसे तो विवाह दो पक्षों के बीच महज एक एग्रीमेंट है। अर्थ तथा उपयोग पर आधारित इस सामाजिक बन्धन को सभी देशों में धर्म के साथ जोड़ दिया गया है। इससे हुआ यह कि धर्म के ठेकेदार अपनी इच्छा के अनुसार बर्ताव करने लगे। दक्षिणा के नाम पर लूटने लगे। उन्होंने विवाह के अर्थ को ही बदल दिया। ऐसे मन्त्र पढ़े जाते हैं जो आज के सन्दर्भ में असहज और अश्लील हैं तथा प्रचलित सामाजिक नियमों के विरुद्ध हैं। मूल अर्थ खो बैठे इन मन्त्रों के बिना विवाह नहीं होगा, यह

कहना हास्यास्पद लगता है। पिछले पृष्ठों में यह स्पष्ट कर दिया गया था कि किसी भी विवाह संस्कार में प्रेम तथा सौन्दर्य का महत्त्व नहीं है। कहा जाता है कि गान्धर्व विवाह प्रेम पर आधारित है। किन्तु इतिहास तथा पुराणों की कहानियों के अनुसार देखा जाए तो यह स्पष्ट हो जाता है कि इस पद्धति में काम को ही प्रधानता दी जाती थी। 'तस्या स्तनौ यदि घनो जघनम् च हरि...' वक्ष तथा जघनों को देखकर आकर्षित हो जाता प्रेम नहीं होता। इसे प्रेम का नाम नहीं दिया जा सकता। विवाह का मजहब, धर्म, पंडित से भी कोई सम्बन्ध नहीं। विवाह संस्कार अर्थ तथा उपयोग से ही अधिक जुड़ा हुआ है। यह घर का व्यवहार चलाने के लिए दो हिस्सेदारों का समावेश है। इसमें पुरोहित का भला क्या स्थान ? उसकी जरूरत क्या है ? किसी भी जाति के लोग विवाह करें तो यह पंडितों की जाति बीच में क्यों आती है ? इन असन्दर्भ मन्त्रों से क्या प्रयोजन है ? ये सब अर्थहीन तथा मूल्यहीन हैं। आजकल निम्न जातिवाले जागृत हो चुके हैं। वे धीरे-धीरे पुरोहितों को बुलाने की पद्धति को छोड़ते जा रहे हैं।

हम जिन जातिवालों को निम्न जातिवाले कहते हैं वे जातिवाले ही आत्मगौरव के साथ जी रहे हैं। इनके विवाह संस्कारों में पुरोहितों का कोई स्थान नहीं रहा। उनके विवाह सनातन पद्धति से होते हैं। लेन-देन की बातें, सौदे की बातें होने के बाद सब खुशी से भोजन करते हैं, कुछ रस्म निभाते हैं। उनके विवाह संस्कार में मन्त्र, माया, सुवर्णपुष्पम् समर्पयामि आदि नहीं है। उनके विचारों में न दिखावा है न मिलावट है। किन्तु ऐसे सनातनों को ही हम 'नीच जातियोंवाले' के नाम से पुकारते हैं। क्यों ? क्योंकि इन पंडितों को वे नहीं बुलाते। विद्या पंडितों के हाथों में है, वे हक चलाते हैं, इसलिए अग्रवर्ण बन गए। ऐतिहासिक दृष्टि से, तर्क की दृष्टि से देखा जाए तो कमजातिवाले ही सनातनी हैं। उनमें आत्मगौरव है। वे लोभी नहीं हैं वास्तव में ये ही उन्नत जातिवाले हैं।

पुरुष ने, जो बराबर थी, साझीदार थी, उस स्त्री को अपने अधीन लेकर गुलाम बनाया। स्त्री पर उसने हक जताया। पुरुषों ने स्त्री पर हक चलाया तो पंडितों ने पुरुषों पर हक जमाया। पुरुष पंडितों के गुलाम

बन गए। इस रूप में पुरुषों को अपने कुकर्मों का फल मिला। पंडित ने यह कहते हुए पुरुष की तरफ लाल आँखों से देखा कि 'मैं जो कहता हूँ तुम्हें सुनना ही पड़ेगा नहीं तो शाप दूँगा।' तब से आज तक वह ढिंढोरा पीट ही रहा है कि मैं 'सबसे बड़ा हूँ, पवित्र हूँ।' जिसने इसके विरुद्ध कहा, उसे पंडितों ने नीचजाति का बना डाला। जिसने 'हाँ' कहा, उसे सर पर बिठा लिया। समाज में यह धारणा बन गई कि पंडित स्पर्श करेगा तो ही रस्सी मंगलसूत्र बनेगी नहीं तो रस्सी ही रहेगी। उसे दक्षिणा दी गई है तो साक्षात् अग्निविवाह होता है नहीं तो वह एक अपवित्र कार्य बन जाएगा। अगर पंडित ने विवाह नहीं करवाया तो वर-वधू दम्पति नहीं बनेंगे। उन्हें संतान नहीं होगी। पुरोहित ने कितना अधिकार पा लिया। कितना बेबुनियाद बना दिया विवाह संस्कार को। इसी कारण से विवाह संस्कार अपना असली रूप खो बैठा। इसे केवल धर्म से जोड़ने के कारण वैवाहिक जीवन में सुख नहीं रहा। सच पूछा जाए तो तभी से वेश्यावृत्ति का अंकुर फूटा।

एकुले मेकुलु

'एकुले मेकुलु'[1] तेलुगु का मुहावरा है जिसका अर्थ है साधारण से असाधारण बनना। इसी से मिलता-जुलता हिन्दी का मुहावरा है 'अँगूठा पकड़कर पहुँचा पकड़ना' आचार्य कहिए, पंडित या पुरोहित कहिए, प्रीस्ट कहिए यह व्यक्ति विवाह संस्कार में बिन बुलाया मेहमान बन गया। अब वह सिंहासन से उतरना नहीं चाहता। उसने अपना हक जमा लिया है। इसके विरुद्ध कोई कुछ कहे तो शाप देता है। नरक दिखाकर डराता है। आज सभ्य समाज में हर जगह पर पुरोहितों का ही राज चल रहा है। बेमेल विवाह करने के लिए, ठीक तरह से होनेवाले विवाहों को रोकने के लिए ये ही जिम्मेदार हैं। रौरव नरक का रास्ता दिखाते हुए नब्बे साल के बूढ़े के गले मासूम लड़की को बाँधकर कहेंगे कि यही शुभ कार्य है और मिलन का यही शुभमुहूर्त है। आशीर्वाद देते हैं। गले में

---

1. एकुले तेलुगु शब्द है जिसका अर्थ है पूनी।
2. मेकुलु तेलुगु शब्द है इसका अर्थ होता है कीला।

फाँसी का फन्दा डालकर 'मंगलसूत्र' का नाम देकर उसकी तारीफ करते हैं। पति कितना भी है दुष्ट होने दो, राक्षस होने दो, नीच से नीच होने दो, पत्नी को सारा जीवन उसके साथ ही बिताने के लिए कहा जाता है। क्रूर पति को देवता बना दिया। यहाँ तक ही नहीं मर जाने के बाद भी यह सम्बन्ध रखने के लिए कहा गया। फिर दूसरे विवाह की कल्पना तक करना महापाप बताया। अगर कोई भी स्त्री-पुरुष पवित्र भावना से मिलना चाहते हैं, विवाह करना चाहते हैं तो उन्हें गालियाँ दी जातीं। यह अनैतिक सम्बन्ध है, विवाह हो ही नहीं सकता है—आदि कहकर ये जनेऊ महाराज ठुकरा देते हैं।

कौन हैं ये ? इनको किसने यह अधिकार दिया ? बल दिया ? किसके लिए दिया है ? पूछनेवाला कोई नहीं है। उनसे कोई सवाल नहीं होना चाहिए, इसलिए वे पहले ही सँभल गए। श्लोक-मन्त्र आदि सब लिखकर पास में रख लिए। क्यों ? पूछनेवाला पापी बन जाता है, वह नास्तिक है, ब्रह्मद्रोही है आदि यही सबको पढ़ाया गया। नास्तिकों को मिलनेवाली सजाओं को श्लोक के द्वारा समझाया गया। चित्रों में डालकर दिखाया गया। स्पष्ट बताया। इसलिए डरकर आज तक किसी ने 'क्यों' कहकर पूछा ही नहीं। आज भी कोई नहीं पूछता।

आपके दिलों में यह सन्देह उत्पन्न होना स्वाभाविक है कि अगर पुरोहित वर्ग का कुछ महत्त्व नहीं है तो उन्होंने समाज में इतना महत्त्वपूर्ण स्थान कैसे पा लिया ? इस सन्दर्भ में मैं एक कहानी बता रहा हूँ। आपको भी इसके बारे में जरूर जानना चाहिए।

एक राजा राज्य कर रहा था। उसके किले में कई योग्य लोग बड़ी-बड़ी पदवियों पर थे। उसी राज्यों में एक अक्लमन्द व्यक्ति था, किन्तु वह बेरोजगार था। वह अक्लमन्द था, बुद्धिजीवी था इसलिए चुप नहीं बैठ सका।

एक दिन सबेरे उसने एक मेज को किले के बाहर डाल दिया। कलम और स्याही लेकर वहाँ बैठ गया। किले के अन्दर जानेवाले व्यक्तियों को वह रोकता था। 'तुम कौन हो? क्या चाहिए ?' इस तरह के प्रश्न पूछता था। वे उत्तर देते थे कि मेरी अर्जी कचहरी में पहुँचानी

है', 'मेरी प्रार्थना सुनानी है', 'मुझे फलाँ-फलाँ आदमी से काम है', 'पदवी के लिए अर्जी देनी है'...आदि...आदि। वह बेरोजगार उनके पास से वे सब पत्र ले लेता था और एक कोने पर हस्ताक्षर करता जाता था। धीरे-धीरे उसके हस्ताक्षर को इतना महत्त्व मिल गया कि उसके बिना किसी की अर्जी स्वीकृत नहीं की जाती थी। पहरेदार तथा वहाँ नौकरी करनेवाले समझते थे कि वह किसी बड़े अधिकारी के हस्ताक्षर हैं। आते-जाते सभी लोग इस बेरोजगार को देखते थे, किन्तु उन्हें यह मालूम नहीं था कि उसकी नियुक्ति किसी ने नहीं की है। वह खुद ही आकर यहाँ बैठा है। किले के अन्दर नौकरी करनेवाले यही सोचते थे कि शायद राजा ने उसको नियुक्त किया है। राजा खुद समझता था कि शायद यहाँ के स्टाफ ने उसे नौकरी दी होगी।

अब जो भी कचहरी में आता, उस बेरोजगार के पास आता और उसके हस्ताक्षर लेता। यह एक नियम बन गया। लोग अपना काम करवाने के लिए इस बेरोजगार को रिश्वत भी देने लगे। इस तरह बेरोज़गार ने अपनी आर्थिक स्थिति को सुधार लिया।

सरकार से उसको न वेतन मिलता था न भत्ता। कोई भी उससे कुछ नहीं पूछता था। इस तरह बेरोजगार की नौकरी बिना रुकावट चल रही थी।

एक दिन इस आदमी को तेज बुखार चढ़ गया। उस दिन वह वहाँ पर नहीं आ सका। अर्जी देनेवाले, रिश्वत देनेवाले सब वहाँ जमा हो गए। उनको कागज पर हस्ताक्षर नहीं मिले थे। उस बेरोजगार के हस्ताक्षर अर्जी पर नहीं हैं, इसलिए पहरेदार ने किसी को भी अन्दर नहीं जाने दिया। अगर कोई व्यक्ति पहरेदार को पैसे देकर अन्दर जाता था तो भी मुनीम कागज नहीं लेता था। वह पूछता था कि हस्ताक्षर कहाँ है ? अगर मुनीम को पटाकर कागज बड़े अफसर को भेज दिए जाते थे तो भी वह कागज वापस लौटा देता था।

सब लोग चिल्लाने लगे। अब क्या किया जाए ? धीरे-धीरे यह विषय राजा को मालूम हो गया। अब प्रश्न उठा कि वह कौन है ? अधिकारी बोलने लगे कि हमने उसकी नियुक्ति नहीं की है। राजा ने भी

कहा कि मैंने उसकी नियुक्ति नहीं की है। बाद में सत्य सबको मालूम हो गया। राजा सहृदय था इसलिए उस बेरोजगार को स्थायी नौकरी दे दी। उस बेरोजगार के साथ लोगों का भी इतना सम्बन्ध बढ़ चुका था कि वे भी उसे नहीं छोड़ सके।

हमारे पुरोहित की पदवी भी इसी तरह का स्वयंभू पदवी है। जहाँ काम नहीं, वहाँ पर इस प्रकार का नाटक किया गया कि वहाँ बहुत बड़ा काम है। अक्लमन्द था, बुद्धिजीवी था इसलिए उसने समाज को धोखे में रखा। उसे धर्माधर्म का विचक्षण नहीं था। धीरे-धीरे उसने समाज में महत्त्वपूर्ण स्थान बना लिया। केवल उपयोग तथा अर्थ से जुड़े हुए विवाह संस्कार में वह गूढ़ार्थ खोजने लगा। उसने सब लोगों को बेवकूफ बनाया। मन्त्र, श्लोक, साधारण जनता की समझ में नहीं आते, इसलिए उन्होंने सोचा कि इनमें कुछ भी तो महत्त्व होगा। इसलिए साधारण जनता के मन में मन्त्र तथा श्लोकों के प्रति तथा मन्त्र श्लोक बोलनेवाले पंडितों के प्रति श्रद्धा और गौरव बढ़ गया। आजकल के विवाह संस्कारों में बोले जानेवाले मन्त्रों में उस समय के समाज का प्रतिबिम्ब मिलता है। आज के सन्दर्भ में वे मूल्यहीन हैं। विवाह होने के बाद भी दूसरी औरत के पास जाने के लिए तैयार होनेवाले पुरुषों से पंडित ने 'नातियरामि' कहलवाया।

कितना असत्य कहलवाया। पुरोहित तथा प्रीस्ट को मालूम ही था कि ऐसी शपथ लेनेवाला भी अनैतिक बनेगा ही। फिर भी कसम दिलाकर नाटक करवाया जाता है। क्यों ? स्त्री को बाँधकर रखने के लिए। पुरुष के विषय में ? वह स्वेच्छाचारी है। अनैतिक काम करेगा तो भी दोष नहीं लगेगा। इसके लिए पुराण तथा शास्त्रों से ढूँढ़कर कुछ पंक्तियाँ दिखाई जाती हैं। उनका कहना है कि—कई फूलों पर भँवरे मँडराते हैं, फिर भी उन्हें दोष नहीं लगता।

इस तरह प्रीस्ट और पुरोहित ने एक बड़े अस्त्र को अपने हाथ में ले लिया। अगर विवाह संस्कार में ये नहीं है तो वह सनातन विवाह हो ही नहीं सकता। इससे विचित्र और कौन सी बात हो सकती थी ! क्योंकि हमारे पूर्वजों के सनातन विवाहों से पुरोहितों का कोई सम्बन्ध

नहीं था।

अपने स्वार्थ के लिए पुरुष ने स्त्री के प्रति अन्याय किया, उसके अधिकारों को छीन लिया। धर्म के नाम पर पुरोहित ने अपने स्वार्थ के लिए उस पुरुष का पक्ष लिया। दोनों ने मिलकर स्त्री को पातिव्रत धर्म सिखाया। 'पतिदेव' शब्द की सृष्टि करके स्त्री को अपना गुलाम बनाया। पुरुष के लिए कोई नियम नहीं है, किन्तु स्त्री के लिए लाख नियम हैं। पुरुष ने इन नियमों की चौखट में स्त्रियों को बाँध दिया।

पातिव्रत्य माने सत्प्रवर्तन है, नीति-नियमों के साथ जीना है। इसमें नैतिक मूल्य का बोध होता है। इस प्रकार का अर्थ लिया जाए तो किसी को कोई आपत्ति नहीं है। स्वच्छ और सुदृढ़ समाज के लिए यही चाहिए। किन्तु पति कैसा भी हो, राक्षस हो, पापी हो, अनैतिक हो, पत्नी के लिए परमेश्वर है, यह कहना अर्थहीन है। दुनिया के तरह-तरह के क्रूर पतियों को परमेश्वर कहा जाएगा तो हम संकट में पड़ जाएँगे। लम्पट, हत्यारे, शराबी, परस्त्रीगामी पापी आदि सभी को परमेश्वर कहना पड़ेगा। ऐसा करना परमेश्वर को नीचे उतारने जैसा है। हम ऐसा कहकर परमेश्वर का अपमान कर रहे हैं। पुरोहितों ने 'पतिपरमेश्वर' शब्द को बहुत महत्त्व दिया। इससे बहुत अनर्थ हुआ। स्त्री को धोखा देकर दासी बनाने के लिए कल्पित किया गया। इस शब्द को पुरुष ने पकड़कर रखा। वह अपने आपको परमेश्वर मानकर चलने लगा। अपने हक को क्रूरता से चलाने लगा। पुरोहित की सहायता से उसने क्या-क्या नहीं किया ? उसने कहा कि स्त्री को अक्ल नहीं है, वह अज्ञानी है। उसे स्वतन्त्रता बिल्कुल नहीं दी जानी चाहिए। उसे पढ़ना नहीं चाहिए। पति मर जाए तो भी पत्नी को इस लोक में पातिव्रत धर्म निभाना चाहिए। पराए पुरुष को आँख तक उठाकर नहीं देखना चाहिए। उसे हक मिला, इसलिए जितना हो सका उतना पशु बनकर स्त्री को सताया। अगर दुनिया में कहीं न्याय और न्यायपीठों में सच्चाई है तो स्त्री को इतनी क्रूरता से दासी बनाकर सताने के बदले में पुरुषों को कड़ी से कड़ी सजा मिलनी चाहिए। पुरुषों को खंड-खंड करके कौओं को डालना चाहिए।

समय बदल गया। नारी जागृत हो गई। वह अपने आपको

पहचानने लगी। आज पुरुषों का ज्ञानोदय कराने के लिए वह प्रयत्न कर रही है। वह भारत को धर्म भूमि बनाना चाहती है। अन्य दुराचारों के साथ ही इन अर्थहीन विवाह सूत्रों को भी वह निर्मूल करेगी। इन जड़ों को उखाड़कर फेंक देगी। इसमें कोई सन्देह नहीं होना चाहिए।

परिशिष्ट

कन्यादान

विवाह संस्कार में कन्यादान का बहुत महत्त्व है। इसके बिना विवाह अपूर्ण होता है। कन्यादान करने के बाद ही विवाह संस्कार पूर्ण माना जाता है। 'कन्यादान' शब्द से ही पता चलता है कि हम स्त्री को कितना महत्त्व देते हैं। दान कई प्रकार के होते हैं। गोदान, भूदान आदि। इस प्रकार के दान का अर्थ होता है कि अपनी गाय और भूमि पर जितने अधिकार हैं उन सभी अधिकारों को दाता दान लेनेवाले को दे देता है। दान में मिली वस्तुओं का उपयोग पुरुष कैसे भी कर सकता है। इन पर उसका हक बनता है। दान में मिली वस्तु को अपने पास रख सकता है। दूसरे को भी दे सकता है। नष्ट भी कर सकता है। किसी को उससे पूछने का अधिकार नहीं है। इसी प्रकार का हक कन्यादान की पद्धति में वर को मिलता है। माने वह उसे पशु के समान देखता है। इसलिए कुछ जातियों में वर द्वारा वधू के गले में एक रस्सी

डालकर, जिस तरह पशुओं को लाया जाता है, उसी तरह घर लाने की प्रथा प्रचलित है। इस गले की रस्सी ने धीरे-धीरे मंगलसूत्र का रूप धारण कर लिया। जब गले की रस्सी को मंगलसूत्र बनाया गया तो धर्म के ठेकेदारों में यह विचार पैदा हुआ कि इसे एक गौरवपूर्ण वस्तु के रूप में देखा जाए। स्त्रियों में इसके प्रति कुछ आसक्ति पैदा करने के लिए इसे अनमोल आभूषण का रूप दे दिया गया। स्त्रियों के मन में इसके प्रति एक आदर पैदा हुआ। इस रस्सी में पुस्तेलु[1], तामिबोहु[2] पिरोए जाते हैं। तीन-चार काले पोते भी डाले जाते हैं। आज हमारे विवाहों में रस्सी के बदले मंगलसूत्र शब्द का उपयोग होता है। विवाह के दिन सुनार के घर से सुहागिन औरतें मंगलवाद्यों के साथ मंगलसूत्र लाती हैं। इस सूत्र में दो छोटे-छोटे गोल-गोल बिल्ले (तमिलबोहु पुस्तेलु) होते हैं। यहाँ पर एक और मुख्य विषय बताना चाहता हूँ। हमारे पुरोहितों के मन्त्रों में पुस्तेलु का उल्लेख नहीं है। पुस्तेलु का रिवाज उत्तर प्रदेश में तथा तमिल लोगों में नहीं है। हमारे आन्ध्र में पुस्तेलु विवाह का एक महत्त्वपूर्ण चिह्न बन गईं। पवित्र बन गईं। पूजनीय बन गईं। तलंबरालु (तलब्रालु) की प्रथा आन्ध्र में है। चावल में हल्दी मिलाई जाती है। इन पीले चावलों को तलंबरालु कहते हैं। आन्ध्र में वैवाहिक संस्कार में इन चावलों का महत्त्वपूर्ण स्थान है।

इतनी निकृष्ट भावना से पशु की तरह बाँधकर लाने के बाद भी वर-वधू से कहता है कि (मन्त्रों के रूप में पुरोहित कहलाता है, इन मन्त्रों का अर्थ इस प्रकार है) 'मुझ पर तुम्हारा अधिकार है', 'सास, ससुर, जेठानी, देवरानी आदि पर तुम्हारा ही अधिकार है। होनेवाली सन्तान पर भी तुम्हारा ही अधिकार है।' वह स्त्री को घर में लाता है और कहता है कि 'यह घर तुम्हारा है, ये वस्तुएँ तथा धन तुम्हारे ही हैं।' वह एक ओर स्त्री को दासी बनाकर ला रहा है और दूसरी ओर इस प्रकार कह रहा है। सचमुच यह हास्यास्पद तथा विचित्र लगता है। वधू

1. तेलुगु शब्द है, इसका अर्थ होता है बिल्ले।
2. तेलुगु शब्द है, इसका अर्थ भी बिल्ले ही होता है।

कहती है कि (पुरोहित उससे कहलवाता है। मन्त्रों का अर्थ इस प्रकार है) 'मैं तुम्हारा घर सँभालूँगी, निर्मल मन से तुम्हारे बच्चों की माँ बनूँगी।'

विवाह के चिह्न

किसी स्त्री के गले में मंगलसूत्र है तो हम समझ लेते हैं कि वह विवाहित है। अगर माथे पर तिलक नहीं हो तो हम समझते हैं कि वह या तो अविवाहिता है या विधवा है। काले पोत और काली चूड़ियाँ भी कुछ जातियों में विवाहिता के चिह्न हैं। कुछ जातियों में एक प्रकार की डिजाइन में गोदे हों तो समझ सकते हैं कि स्त्री विवाहिता है।

इसी तरह अविवाहिता के लिए भी कुछ चिह्न हैं। एक जाति में स्त्री अगर बालों को पिगटेल की स्टाइल में बाँधे तो समझना चाहिए कि अभी उसका विवाह करने का विचार नहीं है। अगर वह दो चोटियाँ डालेगी तो यह समझ लेना चाहिए कि वह विवाह करना चाहती है। युवक उससे अपने आपको परिचित करा सकते हैं और विवाह करने का प्रयत्न कर सकते हैं। आन्ध्र में भी अविवाहितों के लिए इस प्रकार के चिह्न हैं। स्त्री एक आभूषण, जो गले में पड़ा रहता है, पहनेगी तो उसे कन्या समझ लेना चाहिए। इस आभूषण को कृत्ति गन्दु कहते हैं। यह मृदंग के आकार में बनाया जाता है। यह दो इंच का होता है। कुछ प्रदेशों में इसे 'रूपु' भी कहते हैं।

कुछ जातियों में विवाह के दिन छल्ले दिए जाते हैं। विवाह का चिह्न यही है। आन्ध्र की कुछ जातियों में छल्ले को प्रधानता दी जाती है। जिस प्रकार मंगलसूत्रों को बैंड-बाजे के साथ सुनार के घर से सुहागिन औरतें लाती हैं, उसी तरह छल्ले भी लाए जाते हैं। विधवा होते ही ये चिह्न निकाल दिए जाते हैं।

समरता-चिम्मिली

दुनिया की लगभग सारी जातियों में स्त्रियों के सयानी होते ही उनके बारे में कई एहतियात बरती जाती है। इस सन्दर्भ में कुछ रीति-रिवाज

भी निभाए जाते हैं। इस दौरान कुछ चीजें खाना मना होता है। कुछ काम करना भी मना होता है। आरम्भिक काल में पहली बार लड़की के सयानी होते ही उसे एक अँधेरी गुफा में या अँधेरे कमरे में रखा जाता था। इसका उद्देश्य यही था कि उस पर किसी की नजर नहीं पड़नी चाहिए। सभ्य समाज में भी इस सन्दर्भ में कई नियम पाले जाते हैं। लड़की हरे पत्तों से बनाई गई चटाई पर बिठाई जाती है। लड़की को पथ्य भी करना पड़ता है। अगर यह पूछा जाए कि आप ऐसा क्यों करते हैं ? तो उनका उत्तर यही होगा कि रजस्वला होने के बाद होनेवाले रक्तस्राव के आश्रय में कुछ दुष्ट शक्तियाँ और भूत भी रहते हैं। इस रक्त का स्पर्श अगर भूदेवी को हो जाएगा तो भूमि दग्ध हो जाएगी। निस्सार बन जाएगी। ये दुष्ट शक्तियाँ लड़की के गुप्तांगों के आश्रय में रहती हैं। केवल उस लड़की को ही नहीं, सारे समाज को इन दुष्ट शक्तियों द्वारा नष्ट किए जाने का डर रहता है। इस डर से बचने के लिए ग्रीक देश में एक रिवाज निभाया जाता है। इसमें तिल और शहद मिलाकर कूटा जाता है। इस मिश्रण को गारे[1] तथा बूरे[2] की तरह बनाकर गाँव के लोगों में बाँटा जाता है। लोगों में विश्वास है कि इस तरह गुप्तांगों के आकार में गारे, बूरे बनाकर बाँटने से लड़की के अंगों से लिपटी हुई क्षुद्र शक्तियाँ और दोष आदि दूर हो जाते हैं।

आन्ध्र में लड़की के रजस्वला होने के बाद चिम्मिलि[3] बाँटी जाती है। ग्रीक भाषा में तिल को 'सिसेम्' कहते हैं। शहद को मिलाय कहते हैं। इन दोनों शब्दों को जोड़कर उच्चारण किया जाए तो 'सिसेम्मिलाय'

---

1. आन्ध्र में बनाया जानेवाला एक व्यंजन है। उड़द की दाल भिगोकर पीसी जाती है। छोटी-छोटी गोलाकार आकृतियाँ बनाकर तेल में तलते हैं। बड़ा भी इसी प्रकार बनाया जाता है। किन्तु गारे गोलाकार में बनाया जाता है। बीच में छिद्र किया जाता है। बड़ा में यह छेद नहीं रहता है।
2. आन्ध्र में बनाया जानेवाला एक व्यंजन है। चावल भिगोए जाते हैं। भीगे चावल को कूटा जाता है। कूटने से चावल का आटा बनता है। गुड़ के पाक में यह आटा पकाया जाता है। इस मिश्रण को छोटे-छोटे गोले बनाकर वनस्पति तेल में तलते हैं।
3. तिल तथा गुड़ को कूटते हैं। इस मिश्रण को चिम्मिलि कहते हैं।

बन जाता है। हम शहद के बदले में गुड़ का उपयोग करते हैं। गुड़ और तिल कूटकर चिम्मिलि बनाते हैं। सिसेम्मलाय में 'सि' को निकाल दिया जाए तो सेम्मिलाय बनता है। तेलुगु शब्द में चिम्मिलि तथा ग्रीक शब्द सेम्मिलाय में बहुत साम्य है। सिसेम्मिलाय तथा चिम्मिलि में उपयोग की जानेवाली वस्तुएँ एक ही प्रकार की हैं। सिसेम्मिलाय तथा चिम्मिलि एक ही सन्दर्भ में बाँटी जाती है। इनके पीछे का उद्देश्य भी एक ही है।

अरिवेणी

हमारे विवाह संस्कार में रंग लगाए गए कुम्भों का एक प्रमुख स्थान है। जिस तरह विवाह के समय सुहागिन स्त्रियाँ मंगलसूत्र, छल्ले आदि स्वर्णकार के घर से मंगलगीत गाते हुए लाती हैं, उसी तरह रंग दिए गए कुम्भ को भी कुम्हार के घर से लाती हैं। चेमकूर वेंकटकवि[1] ने इसका वर्णन किया है। ये कुम्भ ऐरेनि, ऐरेणि, अरिवेणि आदि नामों से पुकारे जाते हैं। इतने रूप बदलने के कारण यह शब्द तेलुगु का नहीं रहा। यह शब्द ईरान देशवासियों का है क्योंकि आज भी खुदाई में ऐसे रँगे गए कुम्भ के टुकड़े इस प्रान्त में मिलते हैं। ये कुम्भ कुल देवता, पितृ देवता कहे जाते हैं। लोग भक्ति व श्रद्धा से इसकी पूजा करते हैं। हमारे समाज में भी कुम्भ को कुलदेवता, पितृ देवता कहते हैं। किन्तु इसमें भक्ति दिखाई नहीं पड़ती है। हम कुछ अर्थहीन प्रथाएँ निभाते हैं। इन्हें छोड़ने में ही हम सबकी भलाई है।

आठ प्रकार के विवाह

आठ प्रकार की विवाह पद्धतियाँ शास्त्रसम्मत हैं। शास्त्रों ने इन पद्धतियों की प्रमुख विशेषताओं के बारे में वर्णन किया है–

1. ब्राह्म विवाह : वर के परिवारवालों का खुद वधू के परिवारवालों के पास न आने पर भी कन्यादाता द्वारा खुद प्रयत्न करके कन्या को देना।

---

1. तेलुगु का कवि।

2. प्रजापत्य विवाह : वर द्वारा कन्या को विवाह करने के लिए स्वीकृति देने के बाद 'तुम इसे पत्नी के रूप में स्वीकार करो' कहकर कन्यादाता द्वारा कन्या को देना प्रजापत्य विवाह होता है।

3. आर्ष विवाह : वर के पास से एक-दो जोड़ी पशु को लेकर अपनी कन्या को देना आर्ष विवाह है।

4. दैव विवाह : कन्यादाता द्वारा यज्ञ करते समय ऋत् विक्रूक को (दक्षिणा लेकर यज्ञ करनेवाला) अपनी कन्या को दान देना दैव विवाह होता है।

5. गान्धर्व विवाह : वर-वधू का एक-दूसरे पर मोहित होकर बड़ों की अनुमति बिना ही एक हो जाना गान्धर्व विवाह होता है।

6. असुर विवाह : पैसे देकर कन्या को खरीदना असुर विवाह होता है।

7. राक्षस विवाह : लड़की के परिवारवालों से झगडा अथवा मारपीट करके लड़की को जबर्दस्ती लाना राक्षस विवाह होता है।

8. पैशाचिक विवाह : नींद में रहनेवाली स्त्री से बलात्कार करना पैशाचिक विवाह होता है।

आज हमारे देश में जो विवाह हो रहे हैं, वे सब शास्त्रसम्मत नहीं हो रहे हैं। देशकाल परिस्थितियों के अनुसार भी हो रहे हैं। मन्दिर में वर-वधू द्वारा अपने-अपने नाम बताकर प्रसाद लेने की एक पद्धति है। अँगूठियाँ बदलना भी एक पद्धति है। रजिस्टर्ड मैरिज भी एक पद्धति है। रिश्तेदारों के बीच में वर-वधू द्वारा 'हम दोनों विवाह करना चाहते हैं' कहकर विवाह की निमन्त्रण पत्रिका पर हस्ताक्षर करना भी एक पद्धति है। इसके अलावा स्त्री-पुरुष शाखान्तर विवाह, अन्तर्जातीय विवाह आदि भी हो रहे हैं। आज दुनिया में इन विवाहों को भी गौरवपूर्ण स्थान हासिल है। राष्ट्रीय एकता के लिए, शान्ति के लिए ऐसे विवाहों की आवश्यकता है। इस सत्य को जानकर इन विवाह पद्धतियों को प्रोत्साहन देना और स्वयं ऐसे विवाह करना आज बहुत जरूरी है।

●●●

2. प्रजापत्य विवाह : वर द्वारा कन्या को विवाह करने के लिए स्वीकृति देने के बाद 'तुम इसे पत्नी के रूप में स्वीकार करो' कहकर कन्यादाता द्वारा कन्या को देना प्रजापत्य विवाह होता है।

3. आर्ष विवाह : वर के पास से एक-दो जोड़ी पशु को लेकर अपनी कन्या को देना आर्ष विवाह है।

4. दैव विवाह : कन्यादाता द्वारा यज्ञ करते समय ऋत् विक्रूक को (दक्षिणा लेकर यज्ञ करनेवाला) अपनी कन्या को दान देना दैव विवाह होता है।

5. गान्धर्व विवाह : वर-वधू का एक-दूसरे पर मोहित होकर बड़ों की अनुमति बिना ही एक हो जाना गान्धर्व विवाह होता है।

6. असुर विवाह : पैसे देकर कन्या को खरीदना असुर विवाह होता है।

7. राक्षस विवाह : लड़की के परिवारवालों से झगड़ा अथबा मारपीट करके लड़की को जबर्दस्ती लाना राक्षस विवाह होता है।

8. पैशाचिक विवाह : नींद में रहनेवाली स्त्री से बलात्कार करना पैशाचिक विवाह होता है।

आज हमारे देश में जो विवाह हो रहे हैं, वे सब शास्त्रसम्मत नहीं हो रहे हैं। देशकाल परिस्थितियों के अनुसार भी हो रहे हैं। मन्दिर में वर-वधू द्वारा अपने-अपने नाम बताकर प्रसाद लेने की एक पद्धति है। अँगूठियाँ बदलना भी एक पद्धति है। रजिस्टर्ड मैरिज भी एक पद्धति है। रिश्तेदारों के बीच में वर-वधू द्वारा 'हम दोनों विवाह करना चाहते हैं' कहकर विवाह की निमन्त्रण पत्रिका पर हस्ताक्षर करना भी एक पद्धति है। इसके अलावा स्त्री-पुरुष शाखान्तर विवाह, अन्तर्जातीय विवाह आदि भी हो रहे हैं। आज दुनिया में इन विवाहों को भी गौरवपूर्ण स्थान हासिल है। राष्ट्रीय एकता के लिए, शान्ति के लिए ऐसे विवाहों की आवश्यकता है। इस सत्य को जानकर इन विवाह पद्धतियों को प्रोत्साहन देना और स्वयं ऐसे विवाह करना आज बहुत जरूरी है।

●●●